信州に学ぶ
地域イノベーション

長野県立大学 グローバルマネジメント学部 [編]

長野県立大学
THE UNIVERSITY OF NAGANO

中央経済社

はじめに

　信州[1]は，南北に長く伸びている急峻な山々により，各盆地[2]は分断され，気候[3]だけではなく各地域の文化も大きく異なっている。高山に阻まれて東西南北への移動が不便な地域なので，交通が発達していなかった時代には隣接する地域であってもモノ（物資）や人，文化の往来は困難であった。その一方で，県境では他県（北信北部は新潟・東北，中信北部は北陸・関西，中信南部は名古屋，南信南部は静岡，東信東部は群馬・関東，東信南部は山梨）との交流が盛んで，県外地域の多様な文化の影響を受けてきた，日本一隣接県の多い地域でもある（鈴木・岡島，2020）[4]。

　このような地形的な背景のもと，古代以来，信州は一つの国（信濃）でありながら，いつの時代も各勢力が割拠し，信州内の地域間の結びつきが弱く，まとまりに欠くといわれてきた。しかし，単一地域としてのまとまりの無さによって，個性豊かな，多様性に富んだ地域性が育まれてきた。個性的で多様な地域性のゆえ，地域間の競争も激しい。100年越しの長野市と松本市とのいがみ合いは，つとに有名である。信州は，一つの特徴で語ることのできない，多くの顔をもつ地域なのである。

　地域の多様性を考えるとき，筆者は，ついイタリアを思い浮かべてしまう。イタリアは，統一（1861年）が実現する以前は多彩な都市国家の集合体だった歴史から，あの長靴の形をした細長い半島内の各地域はじつに多様性に富んで

1）　市川（2012）によれば，『古事記』には「科野国」，『日本書紀』には「信濃国」と表記されていたが，鎌倉時代に禅宗の僧侶たちが中国風に「信州」と書くようになった。市川健夫（2012）『信州学テキスト』第一企画。

2）　長野県東部の千曲川流域には佐久，上田，長野が，県西部には松本，諏訪，伊那が開かれている。これらの6盆地を含めた台地は長野県面積の2割に過ぎず，8割以上が山地である。

3）　信州は，標高差・緯度差が大きいため，気候や風土の地域差が大きい。

4）　東西南北の移動が不便なことで，各自治体の分断を生み，長野県としての団結を難しくする。他自治体に対して排他的であるがゆえに，各自治体は強い個性を持っている。鈴木ユータ・岡島慎二編（2020）『これでいいのか長野県』マイクロマガジン社。

いる。単純に「イタリア」とひとくくりできない，地域（都市国家だった地方都市）ごとに独自の文化を作りあげてきている。自分を「イタリア人」と言わず，「シチリア人」「フィレンツェ人」「ヴェネチア人」などと自称するのは，各地域に都市国家の伝統が現在も色濃く残っている表れであろう。

このようなイタリアの多様性を料理の例で説明すると，つぎのようになるだろうか。すなわち，イタリアには「イタリア料理」なるものは存在せず，実際は各地域に「郷土料理」が存在し，さらにその料理が多様なバリエーションを持って発展してきた。「イタリアにはイタリアン（レストラン）が存在しない」と，現地で当のイタリア人たちに何度説教されたことか。このようなイタリアの多様性は「千にも及ぶ」という意味として，「千のイタリア」（Mille Italia）という言葉で表現されたりもする（北村，2009）[5]。

イタリアの多様性は，各地域の産業にも色濃く反映されている。それぞれの地域（約1,500の市町村）が特定産業に特化し，しかもグローバル・マーケットで強い競争力を発揮している。例えば，ベッルーノ（Belluno）の眼鏡産業，コモ（Como）のシルク産業，ボローニャ（Bologna）のパッケージング機械産業，プラート（Prato）の繊維産業，モデナ（Modena）のフェラーリほかの高級自動車産業など，人口規模はさほど大きくなくても，ニッチ製品のマーケットで世界に冠たる競争力を誇る地域が数多い。

中でも，イタリア北東部のアルプス山麓に位置するベッルーノは，その周辺地域を含む人口3万5千人の小さなコムーネ（都市）であるが，世界最大の眼鏡生産地である（尹，2014）[6]。世界トップの眼鏡メーカーLuxotticaの拠点もここベッルーノにある。あるいは，繊維産地として数百年の歴史を誇るプラートも，同産業分野では世界トップレベルの競争力を持つ地域として広く知られている。

このような地域産業の競争優位性がそれぞれの地域で創出されるイノベー

5）　北村暁夫（2009）『千のイタリア：多様と豊穣の近代』NHKシリーズ。
6）　1992年頃までは，世界最大規模の眼鏡産地は日本の鯖江地域であった。現在は，ベッルーノ産地が鯖江産地をはるかに上回る規模となっている。詳細は，尹大栄（2014）『地域産業の永続性』中央経済社，参照。

ションによって支えられているということは，すでに多くの研究が指摘しているところである。それまでは視力矯正用具とされていた眼鏡を有名ファッション・ブランド（シャネル，ティファニー，グッチなど）のライセンスを活用したデザイン重視のファッション・アクセサリへと捉え直したベッルーノ産地のイノベーションは，その代表的な例である。毎年圧倒的な数の新素材の繊維製品を開発しているプラート地域も，同様である。

「多様性はイノベーションにつながる」という知見は，組織レベルに限定された議論ではなく，地域・国のイノベーションについても当てはまる。多様性を欠いた地域・国では同一性をめぐる競争となりやすく，イノベーションは期待できない。各地域の個性と独自性が織りなす「千のイタリア」の多様性こそ，地域イノベーションを継続的に生み出しているイタリアの強みなのである。

現在，日本の多くの地域は人口減少や少子高齢化，経済の停滞で疲弊している。地域の活性化を図り，持続可能な「自律した地域社会」を創り出すことが喫緊の課題となっている。これらの課題解決のために，政府は「地方創生」（2014年）の政策を打ち出し，政府一体となって取組んできている。地域の活性化で地方創生を実現するには，地域に蓄えられている資源の活用が肝要である。地域には，いままで気づかれずに見過ごされてきた資源が多い。地域に眠っている資源（歴史，文化，風土，伝統，社会的資本，地域固有の知識）を掘り起こし，新しい価値創造につなげることができれば，地域の創生は十分可能である[7]。新しい価値を創造するとは，「イノベーション」に他ならない。地域活性化の実現にはイノベーションが不可欠なのである。

「多様性」が地域イノベーションを生み出すカギだとすれば，個性的で多様な地域で構成されている信州には地域イノベーションの事例が多く存在するはずではないだろうか。この素朴な疑問が，本書を企画する第1のきっかけである。多様な個性を持つ地域間の切磋琢磨により，信州ではどのような地域イノベーションが生み出されてきたのか，を明らかにしたい。本書は，このような

7）　すっかり有名になった上勝町（徳島県）の葉っぱビジネスの事例は，このことを雄弁に語る好
　　例といえよう。

リサーチ・クエスチョンのもと，イノベーティブな取組みで革新的な成果をあげている信州のイノベーションの事例を掘り起こし，それらの事例分析から地方創生のカギとなるヒントを探るのをねらいとしている。

　本書は，筆者が勤務している長野県立大学および大学院の教員ら（12人，うち一人は大学院生）による共同研究の成果である。本学は，「グローバルな視野で地域を創生できる人材輩出」を目指して2018年に設置された新生大学である（大学院設置は2022年）。ほとんどの教員は県外から赴任した他県出身者であり，中には筆者のように他国出身者も含まれていたりして，長野県（信州）の実状に疎い教員が大半を占めている。地域（信州）創生に寄与できるリーダー（人材）を育てるミッションを託されている教員の立場上，まず自分たちが信州を知る必要があった。

　このような問題意識から，信州が取組んできた地域イノベーションの事例を教員それぞれの専門分野で丹念に掘り起こす作業を共同で実施することとなり，その共同作業（共同研究）の成果を大学内外に還元しようとしたのが，本書を企画した第2のきっかけである。

　本書は，3つの部で構成されている。第1章〜第3章は信州の「地域産業のイノベーション」，第4章〜第7章は「行政部門のイノベーション」，第8章〜第11章は「ソーシャル・ビジネスと学生起業家によるイノベーション」となっている。本書の知見が地域創生に取り組んでいる人々にとって何らかの示唆となることを，執筆者一同，期待してやまない。

　令和5年4月

　　　　　　　　　　　　　　　　　　　　　　　執筆者を代表して

　　　　　　　　　　　　　　　　　　　　　　　　尹　大栄

目　次

第5章　**行政と民間の協働・共創による イノベーション**
　　　　——出島組織，塩尻市振興公社の活用　・75

第8章　**「学生起業」が生み出される地域の関係性**
　　──長野県立大学の学生が生み出した3事業
　　を事例として　　**・143**

第9章　身の丈起業が醸す静かなイノベーション
　　　　──小さく始めた事業の姿から　　・163

第10章　サステイナブル・アントレプレナー
　　　　　シップと地域イノベーション
　　　　——長野県上田市に本社をおく
　　　　　バリューブックスの事例から　・185

第 1 章

長野県ワイン産業の イノベーション ——宿命的風土論を超えて

　本章では，日本は自然条件の面でワイン造りに適さない，優れたワインは
ヨーロッパの伝統的銘醸地でしか造れない，というそれまでの常識に真っ向
から挑み，「偉大なワイン」（良質なワイン）は日本でも造れるという新たな
常識を創り出した長野県ワイン産業の革新的な取組みについて考察する。

Key Words

地域産業，　イノベーション，　地域リーダー，　人材育成，
ワイン法，　地方創生，　信州ワインバレー

1 はじめに

　ワインとは何か。それは「土と気候」に他ならない。ブドウ栽培に適した土
壌や気候の自然条件が良質なワイン造りの初期条件である。何よりも，土地
（ブドウ栽培地）は動かすことができない。つまり，銘醸地は人工的に創り出
せない。良質なワインは銘醸地（ボルドーやブルゴーニュなど）でしか造れな
いのである。ヨーロッパの銘醸地に比べれば，日本では雨が多く，しかも水は
けが悪いため，ブドウ栽培に向かない。「日本でワインを造ろうとするやつは

バカだ。日本ではいいブドウができっこないんだから…日本で本格的なワインを造ろうとするのは，無茶を通り越して非常識な行為だ」と，長い間にわたって，そう思われてきた（河合，2018）。ソムリエも，日本のワインに「ろくなものはない，まずい，インチキな，恥ずかしくて客に薦められない」，と無関心。80年代までの日本ワイン造りに関する常識をまとめると，このような認識であったのである。

仲田（2020）[1]によれば，日本でワイン用ブドウ栽培に対する否定的な考え方が定着したのは，明治時代の農学者，福羽逸人[2]の影響が大きかったといわれている。福羽は，明治19年にヨーロッパへ留学（1886年～1889年，フランスとドイツ）し，ブドウ栽培法とワイン醸造法を修めた人物である。彼は，後に自著『果樹栽培全書』（1896）において，「…（日本の）気候においては葡萄の開花と収穫時の多雨や暴風雨でその栽培は難しい。葡萄は中々熟さず，熟したとしても糖度が上がらない。ワインにすると〝土臭〟がしてしまう」と記している。福羽のこのような見方は，「その後の国の葡萄栽培の指導指針に大きな影響を与え」，農商務省園芸試験場などの果樹農業の指導機関に引き継がれていった。また，東京国税局鑑定官室が編集した『最新葡萄酒醸造法講義』（1954）では，「…（中略）わが国の気候的特性である多湿と季節風の影響とが，多湿に弱いヴィニフェラ種[3]の栽培を不可能としている」と明確に述べられている。

日本で本格的なワイン造りが始まろうとしていた明治時代に，福羽のような影響力のある人物や国の機関が編集した農業指導書によって「日本はワイン用ブドウ栽培は適していない」という認識が広まったのである。実際に当時のワインは品質的にとても褒められたものではなく，とくに渋かったり酸っぱかったりする赤ワインを飲む人はほとんどおらず，代わりに「赤球ポートワイン」に代表されるような甘いワインの時代が長く続いた。醸造したワインにアル

1）　仲田（2020）203-206頁。
2）　野菜や果実（いちご，ブドウ），花の品種改良と栽培方法に関する多大な研究業績を残した。当時の農業政策に大きな影響を与えた人物としても知られている。
3）　カベルネやシャルドネ，メルローなどのワイン醸造に適したブドウ品種。

コールや砂糖（甘味料），香料を着色料として加えた人工甘味ワインが主たるワインとして消費されていった。

　しかし，現在の日本ワイン，中でも長野県産のワインは国内外から高い評価を受けるようになってきている。世界の名だたるワインと肩を並べられる高品質のワインを続々と生み出している。長野県産のワインが世界的なワインコンクールで賞を取ることも珍しくない。シャトー・メルシャンの「信州桔梗ヶ原メルロー1985」が権威ある「リュブリアーナ国際ワインコンクール」（1989年）で最高位の大金賞を受賞し，世界を驚かせたことは記憶に新しい。日本，いや長野県は確実に世界的な銘醸地の1つになったのである。

　長野県のワイン産業は，ヨーロッパに比べればワイン造りの歴史が浅く，ブドウ栽培に不利な自然環境にも関わらず，多くのワイナリーが地域内で集積を形成するようになり，地域の経済と社会の活性化に大きく寄与する地域産業として成長している。地域産業の振興による地方創生を考える上で，長野県ワイン産業は大変示唆に富む事例と言えよう。本章では，長野県ワイン産業の成功を導いた革新要因は何かについて，経営学的な観点から考察してみたい。その前にまず，次節で長野県ワイン産業の現況について簡単に見ておくことにしよう。

長野県ワイン産業の概況

　長野県が「信州ワインバレー」構想を作成した2013年以降，県内のワイナリー数は大きく増加し，全国で2番目に多い（61場）地域となった（2020年9月現在）。ちなみに，山梨県が85場で最も多く，3番目の北海道は48場である。わずか7年間でワイナリー数が約2.5倍に増加したということは，「信州ワインバレー」構想通りにワイナリー集積が順調に進んでいることを意味しよう。「信州ワインバレー」構想とは，県内に4つの地域をワイン産地（**図表1−2**）

とし，各産地の発展のためにワイナリーの育成，長野県産ワインのPRなどの支援を行うことを目的とした政策である。

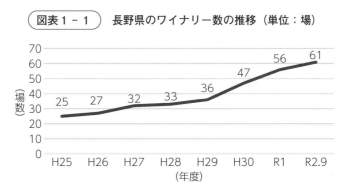

図表1-1　長野県のワイナリー数の推移（単位：場）

（出所）長野県「信州ワインバレー構想」（グレードアップ版2020）

図表1-2　「信州ワインバレー」

（出所）中日新聞Web　https://www.chunichi.co.jp/article/246984

産地（ワインバレー）形成が進むにつれ，ワイン用ブドウの生産量は3,645t（2010年）から6,773t（2017年）へ，ワイン醸造量は3,336kl（2010年）から4,777kl（2018年）に増えた。ワイン特区認定地域も2地域（2010年）から11地域（2020年）に大幅増加した[4]。

　近年の長野県ワイン産業は，ワイナリー数の増加（集積の拡大），生産量（ワイン用ブドウ，醸造量）の拡大，ブランドイメージの向上，といった質量の両面において確実に発展を遂げてきている。それでは，長野県ワイン産業の成功をもたらした主な革新要因は何かについて分析してみよう。

3　地域リーダーの存在

　第1の要因は，キーパーソンの存在である。日本の風土（気候，地形，地質）ではワイン造りに適したブドウ栽培は不可能だという，それまでの「常識」を打ち破り，日本でも銘醸地は生まれることを実証して見せた人物がいる。麻井宇介である。麻井（シャトー・メルシャンの元工場長）は，長野県をはじめ，日本各地のブドウ栽培やワイン造りを熱心に指導し，日本のワイン業界，とくに若い造り手を鼓舞し続けた影響力は大きく，「現代日本ワインの父」とも評される人物である。日本ワインの品質を世界的なレベルに引き上げたとされる「信州桔梗ヶ原メルロー1985」を産み出したことでとくに有名である。

　麻井は，日本の風土では良いワイン造りは不可能であるという当時の支配的な考え方に疑問を呈し，自然的条件を動かし難いものとして捉える「宿命的風土論」の克服を一貫して主張した。麻井（1981）によれば，銘醸地は「神に約束された土地」であるとか，自然条件に恵まれた土地と考えるのは間違いである。ワイン造りに恵まれた土地が始めから決まっていたわけではなく，良いワ

4）　長野県「信州ワインバレー構想」（グレードアップ版2020）の資料より。

イン造りに適したブドウを育てた場所をあとから「恵まれた土地」と言っているに過ぎない。銘醸地は，決して神から与えられたものなどではなく，人間が自然に働きかけて創り出したものに他ならない。日本で高品質ワインが生まれてこなかったのは，日本の風土はワイン造りに向かないという思い込みからワイン生産に向けた職業意識と野心の覚醒が阻害され，ラフィット[5]やロマネコンティ[6]のような偉大なワイン造りに本気で取り組んだ人がいなかったからではないか，と。造り手の高い志と土地への働きかけ次第では日本でも世界に負けない「偉大なワイン」造りは可能である，というのが麻井の一貫した主張であった。

「宿命的風土論」を真っ向から否定し，高い志を持って日本の風土を反映したワイン造りを目指せば，日本ワイン造りに独自の道が開かれるはずだという麻井の主張は，当時のワイン造りのパラダイム変換を迫る画期的な発想であった。銘醸地の優位性を運命論的なものと肯定してしまい，風土の克服という発想が存在していなかった当時において，日本のワイン造りの考え方を根底から変革させた麻井は，まさにイノベーターであったのである。

良いワイン造りを可能にするブドウ栽培の命運を真に決定する要素は，自然に働きかける人々の努力の創意工夫に他ならない。麻井はこの事実に気がつき，世界に負けないワイン造りは日本でも可能と考え，実際に実践してみせたのである。麻井は，ビジョンや目指すべき方向を示しながら，業界関係者らを鼓舞し，手本（世界レベルのワイン造り）を提示することで，長野県ワイン産業の発展を導いた，典型的な地域リーダーだったと言える[7]。

新たな地域産業の創造や停滞した地域産業の再活性化において，地域リーダーの役割がいかに重要なのかを物語る例は少なくない。限界集落だった徳島県上勝町を蘇らせた「葉っぱビジネス」の立ち上げをリードした横石知二，日本酒後進県だった静岡県を「吟醸酒王国」とまで呼ばれるように再活性化に導

5） シャトー・ラフィット・ロートシルト（Château Lafite-Rothschild）。
6） ドメーヌ・ド・ラ・ロマネコンティ（Domaine de la Romanée-conti）。**Column I** 参照。
7） 地域リーダーの概念とその理論的重要性については，尹（2014）に詳しい。

いた河村伝兵衛，B級グルメと揶揄されながらも年間500億円の経済効果を地元富士宮にもたらしている「富士宮焼きそば」の推進役を担った渡辺英彦などは広く知られている好例である。こういった事例は，地域おこし（地域創生）や地域産業の再活性化における特定のキーパーソン（地域リーダー）の役割がいかに重要な要因であるかを雄弁に物語っている。長野県のワイン産業の発展を考える上で，麻井を抜きにして語ることはできない[8]。

　長野県ワイン産業の発展を考える上で，もう1人の重要人物がいる。玉村豊男である。玉村は，一般にはエッセイストとして知られているが，1991年に長野県東御市に移住し，翌年からブドウ栽培を始め，2003年には「ヴィラデストガーデンファーム　アンド　ワイナリー」を創業している。そして，2015年にはワイナリー「アルカンヴィーニュ」を立ち上げ，長野県でワイナリーの起業と経営を目指す人々向けの栽培醸造経営講座「千曲川ワインアカデミー」を主宰している。

　玉村は，宝酒造「TaKaRa酒生活文化研究所」の所長時代（1995年から7年間），役員や研究所のメンバーたちと議論する中で，多くのワイナリーの集積を図ることを主要内容とする「ワインバレー」の構想を打ち上げる。その具体化のために，移住先（東御市）でのワイン造りの楽しさや，新しい地域産業としてのワイン産業の可能性について著作物で発信しつつ，作家としての発言力を活用しながら行政にも積極的に働きかけ，現在の「千曲川ワインバレー」構想を主導していった。

　玉村によれば，当初は「この地域（東御市）にワイナリーを増やそうと，いろいろな人に話を持ちかけてアイデアや協力を求めた…いくら熱心に説明してもたいていの人はポカンとしているのみだった」という。しかし，ワイン人口の増加によるワイン需要の拡大や政府の規制緩和政策が動き出すなどで，2008

8）　バリ島の観光産業の重要な軸となっているバリ芸術（バリダンスや細密画など）の形は，1930年代にバリ島で活躍した1人のドイツ人（ヴァルター・シュピース，Walter Spies）によって作られたことを思い出すと，一人のキーパーソンが演じる役割の重要性を強調しすぎることはないだろう。

年に東御市が長野県内では初めて「ワイン特区」[9]に認定された。さらに，2015年には県内の各市町村におけるワイン特区制度を発展的に解消し，広域特区である「千曲川ワインバレー東地区」（東御市，上田市，小諸市，千曲市，立科町，青木村，長和町，坂城町，佐久市）が制定されていった。

　近年，（東御地域で）ブドウを育て，ワインを造りたい，という人が全国から大勢やってくるようになってきているが，玉村の著作や講演に触発された人が少なくないといわれる。玉村によれば，「相談に来る新規参入希望者の数があまりにも多い…しかし，実際には市役所に相談に行ってもまともに対応してくれないので，そういう人たちの多くが私のところに相談に来る」という[10]。ブドウを栽培し，自分のワイナリーを立ち上げたいという希望者に対する行政の対応がまだ不十分な時期に，玉村は彼らの相談にも積極的に応じ，東御地域でのワイナリーを増やすことに大きな貢献を果たした。

　麻井は，従来のワイン造りの考え，つまり「宿命的風土論」の古いパラダイムに変革をもたらし，玉村は持ち前の作家としての文筆力とネットワーキングの能力を活用して地域にワイン産業の種をまき，開花（発展）を促した，地域リーダーとして重要な役割を演じたのである。

4 産地内での人材育成

　地域産業の発展と変革を支える基盤は人材である。企業家精神にあふれ，技術と知識を持った人材のストックこそが地域産業の核心的なインフラである。

---

9) 酒税法の定める最低生産量（6000ℓ）の3分の1の規模で免許が取れる特別許可地域（構造改革特区）。小規模ワイナリーなどが設立しやすい環境を整え，ワイン産業の振興を図るのが目的である。

10) 東御市は巨峰の産地。市は巨峰栽培の後継者確保に力を入れるが，やってくるのはワインブドウの栽培希望者ばかりで，市にすれば巨峰の畑をワインブドウに変えられたら困る，というわけであった。https://jw-arc.co.jp/column/makingより。

地域産業が必要とする人材を継続的に育成・輩出するための仕組みとして，多くの地域は専門の教育機関を有しているケースが多い[11]。

　長野県ワイン産業の場合，今でこそ県内に4つのワインバレーが形成され，計61場（2020年現在）のワイナリーが操業するようになってきているが，当初はワイン産地としての歴史が浅く，ワイン人材は一部の大手メーカーや老舗ワイナリーに限られており，地域レベルで見ればほとんどゼロに等しい状況であった。

　それでは，ワイン人材のストックが貧しかった状況の中で，どのようにして短期間でワイン産業を担う人材を確保することができたのだろうか。それは，比較的早い時期にワイン人材を育成する教育プログラムが行政と民間団体によってほぼ同時に立ち上げられたことが功を奏した。新規参入希望者たち向けの体系的な教育プログラムを最初に用意したのは，まず，行政側である。長野

（図表1-3）　ワイン人材の教育プログラム

【主　催】	【内　容】
長野県	「ワイン生産アカデミー」（2013年〜） ・栽培醸造に関する基礎的な内容で幅広く学習をしたい人が対象。1年コースで，定員30名。
塩尻市	「ワイン大学」（2014年〜） ・2つのコース 　①栽培・醸造コース 　　ワイン醸造用ブドウ栽培やワイナリー設立を目指す人向けに栽培監理技術，醸造技術，ワイナリー経営手法を指導 　②塩尻アンバサダー養成コース 　　ワインを中心として塩尻の食文化を支える人材の養成
民間アカデミー	「千曲川ワインアカデミー」（2015年〜） ・ブドウ栽培や醸造，ワイナリーの起業と経営に関する知識と情報の提供，実践的な技術を教える年間講座 ・年会費（30万円） ・2022年度：第8期生

（出所）長野県HP，塩尻市HP，アルカンヴィーニュHPより作成

---

11)　世界の代表的な地域産業における教育機関の例については，尹（2014）参照。

県が2013年から1年コースのプログラムを企画し，翌年にはワイン用ブドウ栽培が盛んな塩尻市が4年コースの教育プログラムを実施し始めた。

　塩尻市主催の「ワイン大学」の場合，第1期，第2期合わせて46名の卒業生のうち18名が新規に農地を取得してブドウ栽培，6名がワイナリーを設立，1名が醸造担当として活躍している。長野県の「ワイン生産アカデミー」に比べると，すでに基礎的な知識を持っている人を対象（栽培・醸造コース）に，より実践的なブドウの栽培技術やワイン醸造技術，ワイナリー経営手法について教えるプログラムとなっている。

　じつは，行政側（長野県と塩尻市）が政策的な見地から人材育成プログラムを立ち上げる前から玉村のもとには大勢の新規参入希望者が相談に押しかけてきていた。これらの人々に対して玉村は個人レベルでワインに関する知識やノウハウを提供していたが，その支援活動をより組織的に行うために玉村自身が代表を務めている「日本ワイン農業研究所」（アルカンヴィーニュ）の施設を活用して「千曲川ワインアカデミー」を設立，新規参入希望者にブドウ栽培やワイナリーの起業経営に関する知識と情報を提供しながら実践的な教育を行うことで彼らの自立を支援してきた。同アカデミーは日本初めての民間によるワイン人材の養成機関である。東御地域で2015年以降参入したワイナリー経営者の多くは同アカデミーの卒業生である。

　以上のように，ブドウ栽培やワイナリー設立を目指す新規参入希望者に対する教育プログラムが走り出すと，徐々にワイン人材が増えていき，新規ワイナリーの増加とともに県全体のワイン産業も活気づいていった。官民によるこれら3つの教育プログラムには，人材育成のほか，次のような意義があったと考えられる。

① ワインバレー（ワイナリー集積）形成の拡大

　ワイン産業は，すそ野が広く，地域への波及効果が大きい。ワイナリーが増えれば，その地域にレストランやショップ，宿泊施設などが新たに立地するようになり，食材や資材供給などの関連企業も増える。人材育成によって新たな

ワイナリーの設立が増加し，地域に経済的な活性化をもたらした。

② 競争と協力のネットワーク形成

　同じ教育プログラムの卒業生同士はプログラム終了後も同じ地域（ワインバレー）でブドウ栽培，ワイン醸造を行うことから，自然とフォーマルまたはインフォーマルなネットワークが形成される。同じ産地内で互いに連絡し合う関係となり，ワイン造りに関連する情報交換を行うと共に，何かトラブルが発生するときは協力し合うようになる。一方，同じ地域でワイン造りをすると，ピア（同業者）の間では当然競争も働く。ここ20年間で長野県ワインの質が飛躍的に向上していったのは，このような産地内でのワイナリー同士の切磋琢磨が大きく作用した。

③ 人材と情報のハブとしての教育機関

　世界の代表的なワイン産地に見られるように，産地内のワイン教育機関[12]にはワイン造りを志す人材やワイン関連の情報が集まるようになり，地域のワイン産業を牽引するハブとして機能する。ブドウ栽培やワイン醸造，ワイナリー経営に関する専門的・実践的な教育プログラムを運営している「千曲川ワインアカデミー」には毎年多くの人が集まってくる[13]。そして，同アカデミーの卒業生たちの間で形成されたネットワークから様々な情報もアカデミーにもたらされ，人材育成と情報のハブとして重要な機能を担っている。

5 行政の役割

　行政（長野県）も重要な役割を演じた。県はワイン産業のために一連の政策

---

12)　ボルドー第二大学の醸造学部，カリフォニア大学デービス校のワイン学部など。
13)　2022年には第8期生（2022-2023）募集を行った。

を実施してきたが，とくに次の2つが重要な意味を持つ。

(1) ワイン規制「長野県原産地呼称管理制度」の制定

まず，国に先かけてワイン規制（「長野県原産地呼称管理制度」）を制定したことである。ワイン規制とは，「ワインの生産地域，ブドウの品種や栽培方法，収穫時期，収穫量，醸造方法，熟成方法，官能検査などに関する取り決め」を指す。産地の個性と品質を守ることを目的とした規制である。長野県原産地呼称管理制度の施行により，長野県ワインの付加価値の向上と地域ブランドの確立が図られていった。

ワイン生産が盛んなヨーロッパ各国では早い時期からワイン法が施行されてきた。例えば，フランスは1935年にワイン法「AOC」（Appellation d'Origine Controlee，原産地統制呼称制度）が制定され，ワインの産地名を名乗るためには様々な基準（使用ブドウの品種，栽培方法，1hr当たりの収穫量，醸造方法，試飲検査など）を満たす必要がある。例えば，発泡性ワインの代表格，シャンパンの場合，フランスのシャンパーニュ地方で栽培されたブドウのみを使用し，「瓶内二次発酵」という特殊な工程を経て泡を発生させ，瓶の中で15ヵ月（ヴィンテージ・シャンパンは36ヵ月）以上を熟成しなければいけない，といった規定がある。こうした規定をクリアした発泡酒だけが「シャンパン」という名前で市場に出すことができるのである[14]。

日本でワイン法が制定されたのは2018年，ヨーロッパに比べるとかなり遅い。このワイン法が存在してなかったため，以前は，仮に海外から輸入した原料ブドウ果汁を使用して醸造したものでも国産ワインと称して販売されていた。ブドウの生産地を問わず，輸入したブドウの濃縮果汁を水で薄めたワインであっても，日本で製造していれば日本国産ワインと名乗ることができたのである[15]。産地ごとに細かい規定を設けてワイン品質を守ってきたヨーロッパに比べると，日本はワイン関連の制度作りは遅れをとっていたのである。

---

14) イタリアの発泡酒をシャンパンと呼称してはならない。イタリアの発砲酒は「スプマンテ」と呼ぶ。

　こういった，国レベルのワイン法がまだ存在していなかった時期に，長野県は2002年，当時の県知事だった田中康夫がリーダーシップを発揮して「長野県原産地呼称管理制度」を制定した。国に先がけて一地方自治体がワイン規制の制度を施行したことは，イノベーティブな取組みとして高く評価できる。長野県は，原産地呼称管理制度のもと，県内で収穫されたブドウを使って県内で醸造されたワインのみを「長野ワイン」（NAGANO WINE）として認定することで，県産ワインの品質向上と地域ブランド確立を政策の面で積極的に支援した。

(2)　信州ワインバレー構想

　2つ目の重要政策は，「信州ワインバレー構想」の策定である。ワイン産業はすそ野が広い。ブドウの栽培農家やワイナリーは地域の観光業や飲食業などと有機的に結びつけられている。したがって，ワイン産業の振興策はブドウの栽培農家やワイナリーだけでなく，地域経済全体の活性化につながる波及効果が期待できる。このような観点から，県はワイン造りの盛んな地域を「信州ワインバレー」とし，ブドウ栽培から醸造，販売，消費にわたる振興を目的とした「信州ワインバレー構想」[16]を策定，政策的な支援を行ってきた。その結果，

図表1-4　「信州ワインバレー」のワイナリー数の推移

【ワイナリー立地】	【ワイナリー数】（場）	
	2013年（25場）	2020年（61場）
千曲川ワインバレー	10	29
日本アルプスバレー	4	11
桔梗ヶ原ワインバレー	9	17
天竜川ワインバレー	2	4

（出所）長野県「信州ワインバレー構想」（グレードアップ版2020）

---

15)　ワイン法の制定以後は，日本国内で収穫された葡萄を使用し，日本国内で醸造されたワインのみを「日本ワイン」と名乗ることができるようになった。

16)　「信州ワインバレー構想」の詳細な内容は長野県HP（https://www.pref.nagano.lg.jp/jizake/documents/swvp2020_web.pdf）に詳しい。

構想策定（2013年）からわずか7年間でワイナリー数が25場から61場へと大幅に増加し，集積の拡大につながった。

 # 6 おわりに
——今後の課題について

　自分の畑で栽培したブドウからワイン醸造を行う。これが，世界の多くのワイン産地におけるワイン生産の一般的な姿である。しかし日本では，農地法の規制により，農業を目的としない人や団体が畑を所有することが困難であった[17]。そのため，新規参入者がワイン造りを行うにはブドウを農家に頼らざるを得ない。ワイン生産者にとっては良質のブドウを安定的・継続的に確保（農家から購入）する必要があるが，次の理由から，その実現が容易ではない。

　■農家にとって高収入をもたらすのは，ワイン用のブドウではなく，生食用ブドウである。販売価格の高い品種（巨峰やデラウェアなど）[18]の栽培が優先され，単価の低いワイン用ブドウは敬遠されてしまう。農家にとってワイナリーとは，生食用ブドウの需給調整に必要な，つまり余ったときの仕向け先に過ぎない。伝統的に，生食用は上等，ワイン醸造用は下等，という考えが根強く，醸造用ブドウ栽培は「駄農のやることだ」との認識が強かった。以前は，ワインはクズブドウで造るものと思われていたほどである。

　■ワイン用ブドウより食卓用ブドウが高収入をもたらす現状では，醸造家の期待に積極的に呼応する農家は現れない。ブドウ農家の眼中には青果市場の相場しかないのである。ましてや小規模の農家だと，なおさらであろう。「たかがブドウであろうと，髪振り乱し必死に取り組む」栽培家がいなけれ

---

17)　2009年の農地法の改正（規制緩和）により，法人が農業に参入しやすくなった。
18)　山梨県発祥の甲州ブドウの場合，デラウェアに比べると価格が安い。それでも命脈を維持してこられたのは，じつは「栽培に手間がかからないから」というのが理由である。甲州種を醸造用のブドウとして捉えていたわけでもなく，ワイナリーに回した結果，醸造用ブドウとなっただけである（麻井，1992）。

ば，良いワイン造りは期待できない（麻井，1981）。良質のワイン用ブドウの生産には，収穫量（数）を減らすことでブドウの凝縮度を高める必要があるが，数量規制は当然収入減につながるため，農家は協力してくれない。

　最近の新規参入ワイナリーは，自分たちで栽培したブドウでワイン造りを行っているところが多い。自分たちが理想とするワイン造りのために自家栽培のブドウに拘っているわけである。それでも，すべての原料ブドウを自社畑からの数量では足りず，一定量を農家に頼らざるを得ないのが現状である[19]。

　ワイナリーにとっては，良質のブドウを安定的・継続的に確保する必要がある[20]。ブドウ農家にとっては，ワイナリーとの関係が従属的にならず，正当な価格で買ってもらえるのが最優先事項である。買う側（ワイナリー）と売る側（農家）が両方ともウィンウィン関係となるような取引制度をどう構築するか。ワイナリーと農家の関係が必ずしも協力的とはなっていない長野県ワイン産地にとって，今後の大きな課題である。

---

19)　国税庁の調査（「国内製造ワインの概況」2020年）によれば，ブドウ受入形態別の比率は契約栽培48.7％，購入34.6％，自営農園15.1％，受託醸造1.7％となっており，原料ブドウを外部調達に頼っている比率が圧倒的に高いことがわかる。主な外部調達先は，ブドウ農家である。
20)　大手のワインメーカーや規模の大きいワイナリーは自社畑だけでは大量の原料ブドウを確保することは難しい。そのために，複数の生産者（農家）を組織化した「出荷組合」と長期契約方式でブドウを調達している。

■参考文献─────────
麻井宇介（1981）『比較ワイン文化考』中公新書。
麻井宇介（1992）『ワインづくりの四季』東書選書。
麻井宇介（2001）『ワインづくりの思想』中公新書。
河合春織（2010）『ウスケボーイズ：日本ワインの革命児たち』小学館。
坂野徳隆（2004）『バリ，夢の景色：ヴァルター・シュピース伝』文游社。
静岡総合研究機構（1999）『静岡県 起業家を生み出す風土』静岡新聞社。
鈴木ユータ・岡島慎二編（2020）『これでいいのか 長野県』マイクロマガジン社。
竹中克行・齊藤由香（2010）『スペインワイン産業の地域資源論』ナカニシヤ出版。
東京国税局鑑定官室編（1954）『最新葡萄酒醸造法講義』。
仲田道弘（2020）『日本ワインの夜明け』創森社。
ヒュー・ジョンソン（2008）『ワイン物語（上・中・下）』平凡社。
福羽逸人（1896）『果樹栽培全書』博文館。
前田琢磨（2010）『葡萄酒の戦略』東洋経済新報社。
山本博（2007）『長野県のワイン』ワイン王国。
ロジェ・ディオン（1997）『ワインと風土』人文書院。
緩鹿泰子・澤田守（2018）「ワインメーカーの経営戦略と農業参入」『関東東海北陸農業経営研究』108号，p59-64。
尹大栄・奥村昭博（2013）『静岡に学ぶ地域イノベーション』中央経済社。
尹大栄（2014）『地域産業の永続性』中央経済社。

Column I

信州でロマネコンティが生まれる日

　ブルゴーニュ・ワイン産地の中心地ボーヌ（Beaune）からロマネ村までは，車で約30分。晩秋，黄金色に染まったブドウの樹々が海のように広がるコート・ドール（「黄金の丘陵地」）のブドウ畑の帯を眺めながら走るには，高速道路A31号線より，国道D974号線を選んだほうがよい。ロマネ村は，じつに小さな村だが，8つのグラン・クリュ（特級畑）を有していることから「神に愛された村」と称されている。

　そのロマネ村に世界一高価なワインを生産しているワイナリーがある。そ

＜ロマネコンティの十字架＞

の名は，ロマネコンティ（Romanée-Conti）。ブドウ畑の名前であり，その畑のブドウから醸造される赤ワインの名前でもある。ロマネコンティは，ちょっとした庭園といった感じの，とても小さいブドウ畑（1.8hr）である。年間の生産本数は，わずか4〜7千本。1923年ものの価格が10,890,000円，オフヴィンテージで安くても100万円を下らず，ブドウの出来が良い年のものともなると，200〜300万円の値段が付く。オークションで億円台の値段が付くこともある。

　信州のロマネコンティが生まれる日も，意外とそう遠くないかもしれない。信州は，映画「ウスケボーイズ」に描かれているように，高い志をもって日本ワインに革命を起こそうと挑戦している若い醸造家たちが活躍している地域だからである。

　※映画「ウスケボーイズ」（2018年10月20日に公開）

信州の伝統的工芸品産業の イノベーション
——産地ブランド化と商品開発

　信州には経済産業大臣指定ならびに県知事指定の伝統的工芸品が28品目あり，隠れた伝統的工芸品の産地である。本章では，信州における伝統的工芸品のイノベーティブな活動を概観することで，生活様式の変化に影響を強く受け需要が減少し，また後継者不足に直面する伝統工芸品産業を活性化するための要点を検討したい。

Key Words

伝統的工芸品，　伝統的工芸品産業，　産地ブランド化，　商品開発，「ものづくり」と「ことづくり」，　地域ブランド，　協働と競争

はじめに

　伝統的工芸品は，その地域にとって重要の産業であるといわれている。例えば伝統的工芸品産業審議会（2000）では，「優れた伝統的技術・技法を体現した工芸品を生み出す産業として，また，各々の地域の個性を豊かに表現する産業として，我が国において格別の地位を示してきた」（伝統的工芸品産業審議会，2000：2頁）とその重要性を謳っている。

しかし後述するように，伝統的工芸品産業（伝統産業）は衰退の一途をたどっている。生活様式の変化や安価な大量生産品の増加，後継者不足や地域の人口減少など様々な課題を抱えながらも，「格別の地位」にある産業を維持し続けることが求められている。

そこで本章では，信州の伝統的工芸品産業（企業・産地組合とその地域）における新たな取組みを，広く「イノベーション」としてとらえ，新規需要の開拓やブランド化，新製品開発などを積極的に行っている産地の取組みを紹介し，伝統産業に求められる発展の方策を検討したい。

信州の伝統的工芸品の特徴と現状

(1)　伝統的工芸品とは

そもそも伝統的工芸品とは何だろうか。その代表的な答えが，「伝統的工芸品産業の振興に関する法律（伝産法）」で規定されている経済産業大臣指定伝統的工芸品である。2022年12月現在，全国で240品目が指定されている[1]。

ただし，100年以上の伝統を持ち，10事業者または30人以上の従業者で産地を形成していること等が指定の条件であり，この条件に満たさない小規模な産地や，100年以上の歴史を有しているかどうかが明確でない工芸品などは，都道府県や市町村などの独自の伝統的工芸品に指定されている場合もある。

実は，信州は"隠れた伝統的工芸品の産地"である。全国で240品目の経済産業大臣指定伝統的工芸品のうち，長野県は7品目である。これは全国8位の数を誇っている。また，長野県知事指定の伝統的工芸品が21品目ある。長野県

---

1 ）　経済産業大臣指定伝統的工芸品の指定には，①主として日常生活の用に供されるものであること，②製造過程の主要部分が手工業的であること，③伝統的技術または技法によって製造されたものであること，④伝統的に使用されてきた原材料であること，⑤一定の地域で産地を形成されていること，という5点が条件になっている（㈶伝統的工芸品産業振興協会編, 2007）。

知事指定伝統的工芸品は，技術・技法および主たる原材料が概ね50年以上継続していること，ならびに製造者が5者以上であること等が条件となっている。そして長野県の定める一定の要件を満たした製品には，「県伝統的工芸品」であることを示す表示マーク（**図表2－2**）が貼付される。

（図表2－1）　経済産業大臣指定伝統的工芸品のシンボルマーク「伝統マーク」

（出所）一般財団法人　伝統的工芸品産業振興協会提供

（図表2－2）　長野県知事指定伝統的工芸品の表示マーク

（出所）長野県産業労働部提供

(2) 信州の伝統的工芸品産業

では信州の伝統的工芸品産業には，どのような特徴があるだろうか。まず市川（1986）は，伝統産業を含む信州（長野県）の地場産業の起源の特徴を，1）城下町産業，2）森林資源と木工業，3）風土との結びつき，4）新しく発達した地場産業，に区分している。特に，1）～3）が伝統産業と関連している。

また上田（2006）によると，信州（長野県）は松本，伊那，佐久，善光寺（長野）などの盆地に分散して存在する都市が周辺の山村部を抱えて歴史と文化を育んでおり，それぞれが工芸品を成熟させて地域の需要を満たすものを作っていったという。そのうえで，伝統的工芸品の成り立ちを，(1)近隣の資源を使っているが都市部に発達した「消費者に依拠する工芸品」（飯山仏壇や松本家具など），(2)必要とする原材料に引き寄せられる形で産地が形成された「資源に依拠する工芸品」（南木曽ろくろ細工，木曽漆器，内山紙など），(3)農閑期の副業として成立した「労働力に依拠する工芸品」（信州紬，信州竹細工，飯田水引など），(4)旅行者の土産品等や避暑地（別荘）へのニーズから発達した「旅行者に依拠した工芸品」（木曽漆器，白樺工芸品，軽井沢彫など）に区分している。

これら信州の伝統的工芸品産業は，「都市部に成立したものも含めて，資源への近接性に特徴がある」（上田，2006：19頁）といえる。特に木や竹，漆など森林資源を生かした工芸品が産業として発展を遂げてきた。その一方で，美術工芸品としての発達はあまり見られず，陶芸，金工など資源に恵まれているとはいえない工芸品は，さほど強い産業としては成立していない。

(3) 伝統的工芸品産業の現状

伝統的工芸品産業は，全国的に衰退の一途をたどっている。（一財）伝統的工芸品振興協会のデータによると，2016年のデータで従業員数6万2,690人（ピーク時：1979年の28万8,000人），生産額960億円（ピーク時：1983年の5,400

億円）と，ともにピーク時の 4 分の 1 程度に減少している[2]。その理由として同協会では，①大量生産，大量消費の経済構造の確立，②農村の衰退，③道路，湾岸建設，宅地化などの推進，④雇用環境の変化，⑤生活様式の変化，⑥国民の生活用品に対する意識の変化，⑦核家族化による伝統継承の困難さをあげている。生活様式の欧米化や安価な海外製品の増加などによる需要の減少，また後継者不足による従事者の減少が衰退の大きな要因といえる。

　一方で，伝統的技術や技法を放棄できるかというと，それも容易にできないという認識が大きい。上野（2008）が言及するように，近代工業製品の画一性・均質性という特徴に対して，伝統的工芸品は地域性・人間性・文化性という特徴があり，またその特徴を具現化して製品価値を生み出すために伝統的技術・技法がある（上野，2008：2 頁）。伝統的技法を守り継承しつつ，さらに需要減少や後継者不足に歯止めをかける。伝統的工芸品の宿命ともいえる，こうした複雑な問題に対応することが喫緊の課題である。

　そして信州の伝統的工芸品産業も，他府県と同様の状況にある。村松・小林（2021）が指摘するように，信州（長野県）内でも，生活様式の変化による販売不振，原材料価格の高騰，従事者の高齢化や後継者不足によって厳しい状況になっている。また長野県中央団体連合会（2018）は，長野県の伝統産業は「販路開拓」と「技術伝承」が共通の課題であるものの，それぞれの産地で解決方法が異なることも言及している。一口に「伝統的工芸品」といっても織物や染織品，陶磁器などの業種に細分化でき，また産地の規模や成り立ちもバラバラである。そのため，各産地の特性に合わせた伝統産業活性化対策を練ることが求められる。

2）　（一財）伝統的工芸品産業振興協会Webページ参照。

3 信州の伝統産業におけるイノベーション

前述した市場縮小や後継者不足などの現状を打破すべく，信州の伝統的工芸品産業では様々な活動が行われている。こうしたイノベーティブな事例を紹介し，伝統的工芸品産業を活性化させる方策を探っていきたい。

(1) 「ものづくり」と「ことづくり」

最初に，伝統的工芸品産業のイノベーティブな事例を検討するための視点を紹介したい。それは，「ものづくり」と「ことづくり」である。

そもそもイノベーション研究の嚆矢となった研究者のシュンペーター（J. A. Schumpeter）は，イノベーションとは物や力を今までにない形に結合すること，すなわち「新結合」であるとしている（Schumpeter, 1934）。その新結合には，①新商品や新品質の開発，②新しい生産方法の開発，③新しい販路の開拓，④原料や半製品の新しい供給源の獲得，⑤新しい組織の実現という，5つの種類があることを論じている。

前半の①や②は，いわば「ものづくり」に直結する側面であり，後半の3つ（③〜⑤）は，関連分野の「ことづくり」の側面であるといえる。さらに「ことづくり」は，広く新たなブランド化による市場開拓や地域内の組織ネットワーク化も含まれていると考えられる。

信州の伝統産業においても，伝統的工芸品の技術を生かした新製品開発（＝「ものづくり」）と地域・伝統産業の魅力を伝える産地のブランド化やストーリー作り（＝「ことづくり」）の両方を組み合わせたイノベーションが起こっている。以下では，信州の伝統的工芸品産地の取組みを紹介しつつ，伝統的工芸品産業のイノベーションの特徴や有様を考えていきたい。

(2)　ブランド化と新製品開発

　ここでは「ものづくり」と「ことづくり」の視点から，信州の伝統的工芸品産業（組合，地域，企業等）の事例をいくつか見ていく。具体的には南木曽ろくろ細工，戸隠竹細工，飯山仏壇，木曽漆器の事例を確認したい。

A　南木曽ろくろ細工[3]

　南木曽ろくろ細工の産地は，長野県の南西部，岐阜県に接する南木曽町である。18世紀前半には，この南木曽町（旧蘭村）に木地師が定着し，名古屋や大阪周辺に木地を出荷していたという。また，トチ，ケヤキ，セン，クリといった当地にある広葉樹をろくろ加工して拭き漆などして仕上げた，木目の美しい実用的な挽物細工が特徴である（長野県産業労働部，2022：25頁）。そして南木曽ろくろ細工は，1980年3月に経済産業大臣指定の伝統的工芸品に指定されている。この南木曽ろくろ細工で，ブランド化が進められている。

　経済産業大臣指定伝統的工芸品であるので，そのシンボルマークである「伝統マーク」（**図表2−1**参照）がデザインされた「伝統証紙」を付けることで他製品とは差別化できるが，貼付するためにはサンドペーパーが使えなかったり，ウレタンなど化学塗装ができなかったりと様々な制約がある。そのため，ろくろ細工製品であっても「伝統証紙」が付けられないものが様々にあった。しかし貼付できないが，南木曽ろくろ細工の職人が製作した優れた製品がある。そこで，南木曽ろくろ細工を広く知ってもらうための製品や技法のブランド化が進められた。

　例えば，南木曽ろくろ工芸協同組合で品質を保証し，その証として貼付できるブランド・ロゴマークが2017年に作られた（**図表2−3**）。前述した制約によって「伝統証紙」が貼付できない商品であっても，このロゴマークを貼付することで他産地の製品と差別化することが可能になる。そして，これまで組合

3）　本事例をまとめるに際し，2022年9月15日に南木曽ろくろ工芸協同組合代表理事　小椋一男氏からお話を伺った。

員各店の南木曽ろくろ細工の技法を生かしたUFO型の花器やボールペンといったオリジナル商品に，産地で統一したブランド・ロゴマークを添付することで，産地全体でのブランド化を図っていくことが考えられている。

　さらに，2016年・2017年には，ブランド力向上のために全体への指導と各店舗への個別指導も行われており，これらの活動は，外部の専門家を招聘して行われている。

（図表2-3）　**南木曽ろくろ細工のブランド・ロゴマーク**

（出所）南木曽ろくろ工芸協同組合提供

B　戸隠竹細工[4)]

　戸隠神社や戸隠蕎麦で有名な観光地である長野市戸隠（旧戸隠村）。その戸隠中社地区の人々の糧として，江戸時代の初めの頃から竹細工が代々継承されてきた。1983年には「信州竹細工」として長野県山ノ内町の須賀川竹細工や伊那市の竹細工と一括して長野県の伝統的工芸品に指定された。

　戸隠竹細工の特徴は，根曲り竹（ちしま笹）を材料としていること，縁巻きに「巻き竹」を使用していること，部位ごとに採取時期や年数の異なる原材料

---

4)　本事例をまとめるに際し，2022年9月30日に戸隠中社竹細工生産組合前組合長　井上栄一氏にお話を伺った。

を使用していること，などがあげられる。そして何より，職人自らが山で原材料となる根曲り竹を切り出す作業から一貫して手作業で行っていることが他産地との違いであるといえる。

　しかし戸隠の土産店では，海外製品を含む他産地の竹細工が売られることが増えてきていた。観光客には戸隠の竹細工か見分けがつかない。長野県の伝統的工芸品の表示マーク（**図表2－2**）を付けることで区別することができるが，そもそも職人が減ったことで，戸隠竹細工そのものが消滅してしまうのではないかという危機感もあった。これまでと同じことをしていたら後継者が減る一方である。何とかしないといけない。そこで，戸隠中社竹細工生産組合前組合長の井上栄一氏は，2015年頃から戸隠竹細工の差別化を考えるようになったという[5]。

　まず，何が戸隠竹細工の特徴かを考えた。編み方や原材料は産地によって大きく違うということはない。どのようにすれば違いを出すことができ，ブランド化できるのかを悩んでいた。そこでたどり着いたのが，「仲間と協力することが他産地よりもある」という特徴であった。組合で道整備をするなどの共同作業がある。また山から資源をもらうという精神もあった。職人自らが竹を切り出すので，竹への思い入れもある。この想いでブランド化しようと進めていき，「戸隠竹細工ブランドブック」（2018年）の作成に至った。

　「戸隠竹細工ブランドブック」では，ここだけは押さえておかないといけないということを職人が見てもわかるように書いている。こうした内容になったのは，ブランドブックを作る数年前から技術の継承についての危機感があったためだという。「本当に（技術の継承が）ダメだったら，文化が消えてしまう」。技術の継承を希望する息子世代は多かったが，実際は竹細工の価格・手間賃が安いから継承させられない。「蕎麦ざる」は値段が上がっているものの，すぐに製品を作成できるわけではない。でも，ここでやらなければ技術は残らない。こうした考えから技術伝承を意図した内容も含まれるようになったと話す[6]。

5）　戸隠中社竹細工生産組合前組合長　井上栄一氏インタビューより（2022年9月30日）。
6）　同上。

また，戸隠竹細工の「ブランド認証ロゴマーク」（**図表2-4**参照）を作成し，組合が作った基準を満たした商品に添付されている。「力強く，しなやかに，機能美と堅牢さを兼ね備えた戸隠竹細工。家紋をイメージし，未来に受け継がれていくよう願いを込めました」（「戸隠竹細工ブランドブック」）とある家紋のようなこのロゴマークは，戸隠神社中社周辺（戸隠中社地区）の通りにフラッグとして掲げられている（**図表2-5**参照）。こうした仕掛けによって，戸隠竹細工だけで活性化を図るのではなく，戸隠神社，蕎麦店，旅館等を巻き込んでブランドイメージを作ることが大切であるとも話されていた[7]。

（図表2-4） 「ブランド認証ロゴマーク」（右）がついたコーヒードリッパー

（出所）筆者撮影

（図表2-5） 戸隠中社地区に掲げられた「ブランド認証ロゴマーク」のフラッグ

（出所）筆者撮影

C　飯山仏壇[8]

　長野県の北東部，新潟県に境を接する飯山市は，島崎藤村が代表作『破戒』で「信州第一の仏教の地」と著したとおり，由緒ある寺院が点在している。仏教の信仰があつい土地柄であったことにくわえ，城下町政策および寺院政策，木材など原材料が地元にあったこと，漆塗りに適した気象条件などが，仏壇産業が発展した要因として挙げられている（長野県産業労働部，2022：14頁）。

　1975年に国の伝統的工芸品に指定された飯山仏壇もまた，その市場規模は減少傾向にある。栗林（2017）によると，全国の仏壇を含む宗教用具製造業の出荷額には二つのピークがある。一つは1970年代の地場産業の多くが急成長した時期，もう一つが1990年前後のバブル景気時である。飯山地域は1995年頃まで高水準が続いているが，その後は急激な縮小期を迎えている。

　こうした市場縮小状況に対応するために，飯山仏壇事業協同組合（以下，飯山仏壇組合）では組合員である製造販売店が協働した取組みが行われている。これまでも伝統工芸技術を生かし安価な仏壇をつくる企画を続けてきたが限界を感じていた。一方で売れるものを作る必要がある。さらには伝統技術も崩すわけにはいかない。何とかしないといけないと考える中で，2019年から「思い出の門」という一連のプロモーション活動が，飯山仏壇組合主導で開始された。

　2021年1月に公開された映画『おもいで写真』（監督・脚本：熊澤尚人氏）は「飯山仏壇通りアンバサダー」を務める深川麻衣さんが主演を務めていた。その映画に合わせ，故人との思い出をしのぶ飯山仏壇PR事業が「思い出の門」である。例えば，仏壇店が並ぶ飯山仏壇通りに店舗を構える店主の人柄が分かるような1.8m×1mほどの巨大ポスターを軒先に掲げて人気投票を行う「人生ポスターコンテスト」，大事な人の思い出の品を納める高さ10cm，1辺15cmほどの八面体で作られた「命の器」，「コロナと戦う女神たち」と銘打たれた巨大ポスターの各店舗での展示など，様々な活動が行われている。

7）　戸隠中社竹細工生産組合前組合長　井上栄一氏インタビューより（2022年9月30日）。
8）　本事例をまとめるに際し，2022年9月13日に飯山仏壇事業協同組合理事長　明石洋一氏にお話を伺った。

こうした活動のうち，仏壇と直接関連するものは少ない。ただこれまでの仏壇にない「生きていく，生き続けていく側の発想として商品を作りたい」[9]との想いから新しい商品の開発が行われ，また飯山仏壇を知ってもらいたいとの考えからイベントが行われている。

このように飯山仏壇組合では「命は美しく尊い」という理念のもと，これまでの仏壇から離れた立場で新しい「ことづくり」が行われている。一方で，まったく伝統的工芸品が顧みられていないかというとそうではない。例えば「命の器」は，仏壇に使われる伝統技法が用いられている。現在試作段階の「命の器 蓮の花」もゆくゆくは伝統技法を用いた製品づくりにしたいとのことである[10]。

D　木曽漆器[11]

長野県塩尻市平沢地区（旧楢川村平沢）は，木曽谷の北の入り口に位置し，その豊富な森林資源や適した気候，ならびに中山道の街道文化などにより，17世紀初頭から400年に渡って漆器産業が栄えている（長野県産業労働部，2022：3頁）。この木曽漆器も1975年に国の伝統的工芸品に指定されており，生産規模や企業数などの面から信州を代表する伝統的工芸品産業であるといえる。

そして木曽漆器では，各企業・店舗で様々な製品開発が行われている。例えばガラス製品や革製品など，これまであまり使用されていない素材を使った製品が開発されている。また，筑波大学との協働による新たな木曽漆器ブランド構築やプロモーション活動，昭和女子大学の学生との協働による新商品の開発など様々なイノベーティブな活動を行ってきた。

さらに近年では，木曽漆器工業協同組合青年部（以下，木曽漆器青年部）のメンバーによって「かしだしっき」や「奈良井宿・木曽平沢はし渡しプロジェクト」といった新たな取組みも実施されている。まず「かしだしっき」とは，

9）飯山仏壇事業協同組合理事長 明石洋一氏とのインタビューより（2022年9月13日）。
10）同上。
11）本事例をまとめるに際し，2022年9月16日に，木曽漆器青年部部長 岩原裕右氏，同青年部（（一財）塩尻・木曽地域地場産業振興センター）百瀬友彦氏からお話を伺った。

8種類の木曽漆器の皿やマグカップをレンタルサービスする取組みである。価格がネックになって購入がためらわれる漆器の良さを伝えるために，気軽に手に取ってもらうことを目的として2020年から始められた。県内外の個人や行政，テーブルコーディネーターや飲食店などが利用しており，2020年度には14件，2021年度には10件の実績があった[12]。

　また，「はし渡しプロジェクト」とは，同じ旧楢川村にある観光地として著名な奈良井地区（奈良井宿）と木曽漆器の産地である平沢地区の交流を図り，観光客の行き来を増加させることを目的としたプロジェクトである。日本産の漆で塗られた付加価値をつけた箸を開発し，奈良井宿の民宿などに使用してもらい，その宿泊客が平沢地区に来た際に箸をプレゼントするという内容である。2021年11月に正式にスタートしたこのプロジェクトは，最初の1年間で100組近くが平沢地区を訪れる成果があった[13]。

　このように木曽漆器産地では，単に製品を開発するだけでなく，漆器のレンタルや他地域との協力といった新たな手法で木曽漆器の魅力を伝え，需要の掘り起こしを行っている。

4　伝統産業のイノベーション

　これまで信州の伝統的工芸品産地におけるイノベーティブな活動を概観してきたが，本節ではそこからどのような含意があるか，確認したい。

---

12)　木曽漆器青年部部長 岩原裕右氏，木曽漆器青年部（（一財）塩尻・木曽地域地場産業振興センター）百瀬友彦氏とのインタビュー（2022年9月16日），および『信濃毎日新聞』2021年5月20日朝刊27面。

13)　木曽漆器青年部部長 岩原裕右氏，木曽漆器青年部（（一財）塩尻・木曽地域地場産業振興センター）百瀬友彦氏とのインタビュー（同上）。

(1)　地域内の協働と競争

　本事例の多くが，産地組合や青年部が中心となって産地ブランド化やストーリーづくりが進められている。そして，ブランド化などの「ことづくり」と，その基盤を作るような現代的な新商品開発の「ものづくり」を組み合わせることが不可欠であるといえる。例えば，飯山仏壇では「思い出の門」プロモーションの一環として「命の器」を開発しているし，木曽漆器の「かしだしっき」や「はし渡しプロジェクト」でも，それに不可欠な工芸品を開発している。

　またこれまでみてきたように，産地をブランド化するためには一社だけでは不可能である。特に，大規模企業が産地にない信州の伝統的工芸品産業では，産地組合や青年部の参加企業による協働，あるいは地域の他組織を巻き込んだ協働による地域ブランド化を進めることが不可欠であると考えられる。

　一方で，すべてが横並びで同じ伝統的工芸品を製造する関係でも当然ない。例えば木曽漆器や南木曽ろくろ細工では，各企業・店舗で特徴を生かした商品開発も行われている。また戸隠竹細工でも，コーヒードリッパー（**図表2－4**参照）など新たな商品が生み出されている。

　これは，ポーター（M. E. Porter）がいう，産業集積（クラスター）の優位性の議論にもつながる。ポーターは，クラスター内には，競争と協力の組合せが見られると指摘する（Porter, 1998）。伝統的工芸品の産地においても，産地全体が協働し，地域の各組織（行政など）と協力体制を構築する一方で，各店舗が独自の活動を進めている面もある。

　前述したように，信州の伝統的工芸品産業地域の多くの事例では，ブランド化を進めるために組合や青年部が主導している。さらには，合同で講習会が実施されていたり，他の職人から惜しみなく技術を伝授されたりすることもある[14]。一方で，そのブランド化を可能にする商品開発は，組合等で協働して進

---

14)　これらは，普段活動する組織にとどまらず異なる環境で学習の機会を得ることで新しい視座や知識を得る「越境学習」や，関心や問題意識などを共有し，持続的な相互交流を通じて知識や技能を深めていく人々の集団である「実践共同体」の議論と関連するが，紙幅の関係で本章では詳細を検討しない。

められている事例もあるが，各企業，各店舗で進められているところもある。

このように，伝統的工芸品産業では各企業の規模が小さいために[15]，産地での協働が不可欠となっているが，他方産地内での競争も求められている。山田（2013）が指摘するように，産地内での協働とともに，競いあい切磋琢磨することが産地の生き残りのためには不可欠なのである。

(2)　サポートする組織の存在

イノベーティブな活動を下支えする組織の存在も忘れてはならない。そもそも林（2014）が指摘しているように，新しい方向へ展開しようとしても中小零細企業が多い伝統産業では，そのための資産に余裕がある企業は少ない。また，佐藤（2018）がいうように製品面については，継承されてきた伝統技術に固執するためにデザイン性への配慮が疎かになっていたり，問屋制度に頼っていたために消費者のニーズと乖離していたり，製品開発が容易ならざる面もある。

そこで，行政や他の専門組織の支援が必要になると考えられる。例えば南木曽ろくろ細工のブランド化にあたり，長野県産業労働部産業技術課「伝統的工芸品産業魅力アップ・創造事業」や，南木曽町の協力を得て国の「平成29年度地方創生推進交付金事業」の助成金が活用されている。同じく，飯山仏壇や戸隠竹細工でも行政（県や市）からのバックアップがあったという。

長野県産業労働部産業技術課では，2022年度まで「伝統的工芸品産業後継者育成・販路開拓支援事業」「伝統的工芸品産業新規就業者定着促進事業助成金」などで伝統的工芸品産業の支援，特に販売促進や技術伝承の支援に努めてきた（長野県産業労働部産業技術課提供資料より）。

さらに2022年度からは「伝統的工芸品Reブランディング支援事業」をスタートしている。地元の百貨店（ながの東急百貨店）の一角に信州の伝統的工芸品を常設展示販売するスペースを設置し，また伝統的工芸品産業へのインターンシップ事業を実施している。さらに，各産地の魅力の掘り起こし等を通じた県

---

15)　(財)伝統的工芸品産業振興協会（2007）によると，2006年の調査で1企業当たりの従業員数は，全品目平均で5.3人である。

内伝統的工芸品のブランドイメージ再構築を目指した事業が3年計画で進められている。

　また，上記の「伝統的工芸品産業後継者育成・販路開拓支援事業」やそれ以前に実施されていた「伝統的工芸品産業魅力アップ・創造事業」を受託しているのが長野県中小企業団体中央会である。この長野県中小企業団体中央会は「中小企業等協同組合法」により，1955年11月に中小企業の組合等を会員として設立された団体で高い公益性を有する特別民間法人であり，組合等の設立や運営の支援，任意グループなどの緩やかな連携組織の形成支援，また金融・税制や労働問題など中小企業の経営についての相談に応じる団体である[16]。

　長野県中小企業団体中央会により，例えば前述した南木曽ろくろ細工のブランド化事業を始め，信州各地の伝統的工芸品の産地活性化支援や技術伝承支援で様々な展示販売会や講習会などの活動が実施されている。また外部専門家による指導や伝統的工芸品間の協働[17]を進めるなど，他の個人や組織，団体と繋ぐ役割も果たしている。こうした，新たな価値を創造する学習の場を提供しているといえる。

5 おわりに

　需要減少や後継者不足など，厳しい状況にある伝統的工芸品産業を維持・存続させるためには，今までにない新しい取組みが不可欠である。ただし，"売れる商品"を開発するにしても，伝統的工芸品という枠を逸脱してしまうと，その正統性が失われてしまい，優位性を確保できなくなる。さらには，これまで蓄積してきた「伝統」が足かせとなり，新商品開発が困難になることも考え

---

16)　長野県中小企業団体中央会Webページ参照。
17)　例えば，南木曽ろくろ細工と長野県農民美術，信州からまつ家具と信州紬などの協働が進んでいる。

られる。

　そこで本章では，信州の伝統的工芸品産業におけるイノベーティブな取組み
を概観し，「ものづくり」と「ことづくり」が連環しながら魅力的な産地ブラ
ンド化が肝要であることを示してきた。また，それらを可能にするために，産
地内での協働と競争のバランスを取ることも不可欠であり，さらには中小零細
企業が多い伝統的工芸品産業の特徴から，その活動を支援する行政や専門組織
も必要であることを指摘した。

　一方で，伝統的工芸品産業におけるイノベーションの限界も垣間見える。本
章では詳しく言及していないが，補助金の期間が過ぎると，イノベーティブな
活動も終了してしまう事例がいくつかの産地で散見される。補助金に頼らず，
いかに継続的に「ことづくり」を続けることができるかが伝統的工芸品産業の
維持成長のためには求められる。

　また尹（2013）が指摘する通り，地域産業（伝統的工芸品産業）の課題を発
見し，解決するためのビジョンや戦略を示す地域リーダーの役割も欠くことが
できない。山田（2013）によると，陶磁器産地では，世襲で窯を受け継ぎ正統
性をもつ窯元による企業家活動によって新機軸を打ち出せたという。伝統的工
芸品産業のもつ伝統性・歴史性といった特徴から，その活動に正統性があるこ
とが求められる。そのため，「正統性のあるイノベーター」をいかに生み出せ
るかも，伝統的工芸品産業にとっては不可欠であるといえよう。

【謝辞】
①本章執筆にあたり，多くの方々にご多忙のなか，インタビュー調査や資料提供など調査協力をいただきました。記してここに感謝申し上げます。また，インタビュー調査の詳細は以下の通りです（役職等は省略）。
・2022年8月24日（長野県中小企業団体中央会　緩詰哲男氏，佐藤浩氏）
・2022年9月13日（飯山仏壇事業協同組合　明石洋一氏）
・2022年9月15日（南木曽ろくろ工芸協同組合　小椋一男氏）
・2022年9月16日（木曽漆器青年部　岩原裕右氏・百瀬友彦氏）
・2022年9月30日（戸隠中社竹細工生産組合　井上栄一氏）
・2022年10月3日（長野県産業労働部産業技術課　杉山浩貴氏）
・2022年10月5日（長野県中小企業団体中央会　鈴木幸一氏，緩詰哲男氏）
・2022年10月7日（手織り上田紬　小岩井紬工房　小岩井良馬氏）
なお，言うまでもないですが本章の誤謬については，全て筆者の責任に帰すものです。
②本研究は，JSPS科研費20K01855の助成を受けたものです。また，長野県立大学公募型裁量経費事業等（理事長裁量経費）の助成を受けています。記して御礼申し上げます。

■参考文献───────
市川健夫・竹内淳彦編（1986）『長野県の地場産業』信濃教育会出版部。
上田友彦（2006）「長野県の伝統的工芸品」木の文化フォーラム編集委員会編『木の文化forum』第3号，18-21頁。
上野和彦（2008）「伝統産業産地の本質」（上野和彦・政策科学研究所編『伝統産業産地の行方─伝統的工芸品の現在と未来』東京学芸大学出版会，1-8頁。）
栗林慶（2017）「飯山市における仏壇製造業の市場縮小への対応」『地域研究年報』第39号，229-248頁。
佐藤典司（2018）「伝統工芸産業の現状と課題，および今後のビジネス発展の可能性」『立命館経営学』第57巻第4号，59-74頁。
Schumpeter, J.A.（1934）*The Theoty of Economic Development：An Inquiry into Profits, Capital, Credit, Interest, and the Business Cycle.* Harvard University Press,（塩野谷祐一・中山伊知郎・東畑精一訳『経済発展の理論：企業者利潤・資本・信用・利子および景気の回転に関する一研究』岩波書店，1977年）
髙橋美樹（2012）「イノベーション，中小企業の事業継続力と存立条件」（日本中小企業学会編『中小企業のイノベーション（日本中小企業学会論集31）』同友館，3-15頁。）
伝統的工芸品産業審議会（2000）「21世紀の伝統的工芸品産業施策のあり方について─新たな生活文化の創造に向けて（答申）」。
㈶伝統的工芸品産業振興協会編（2007）『全国伝統的工芸品総覧　平成18年度版　─受け継がれる日本のものづくり』同友館。
長野県産業労働部（2022）『信州の伝統的工芸品　現代に生きる伝統の技と心（2022年版）』。
長野県中小企業団体中央会（2018）「平成29年度　伝統的工芸品魅力アップ・創造事業成果報告」『月刊　中小企業レポート』第497号（2018年4月号），2-8頁。

林伸彦（2014）「伝統的工芸品産業における企業革新」『中小企業季報』第3号，1-14頁。

Porter, M. E.（1998）*On Competition.* Harvard Business School Press，（竹内弘高訳『競争戦略論Ⅱ』ダイヤモンド社，1999年）

村松伸哉・小林英春（2021）「伝統的工芸品産業と地域ブランド化―飯山市における伝統的工芸品の地域ブランド化の事例から」『日本地域政策研究』第26号，4-11頁。

山田幸三（2013）『伝統産地の経営学―陶磁器産地の協働の仕組みと企業家活動』有斐閣。

尹大栄（2013）「酒造産業のイノベーション」（尹大栄・奥村昭博編著『静岡に学ぶ地域イノベーション』中央経済社，59-78頁。）

Column Ⅱ

積極的なメディア発信による活性化への取組み（YouTuber）

　本章では，産地組合などが主導した産地ブランド化を中心に検討したが，産地組合などに頼らない，独自の情報発信をしている工房を紹介したい。信州紬（上田紬）の工房「手織り上田紬　小岩井紬工房」である。

　小岩井紬工房では，他の産地の草木染と差別化を図るために，信州ならではのリンゴの樹皮に特化した「りんご染め」（2008年）や，上田城の桜の樹皮を使用した「千本桜染め」を開発している（2022年）。

　さらに2015年からは，「織りの休日倶楽部」というストール作りのワークショップを同工房で実施している。くわえて，小岩井紬工房代表の小岩井良馬氏が実行委員長を務める「キモノマルシェ」（主催：信州着物の似合うまちネット）を2013年秋から開催している。着物の愛好団体や地域の商店会，また地元の高校や関連企業が協働し，着物に関する様々な体験や展示販売のイベントが催されている。「キモノマルシェ」により，着物に親しむきっかけづくりをしているという。

　そして，小岩井氏はYouTuberとしても活躍している。2019年暮れから始めた「伝統工芸士リョウマ　チャンネル」というチャンネルで上田紬や着物の話題を発信している。2021年11月には，47都道府県のYouTubeクリエイターのなかで，各界で活躍し有意義な影響を与えている101組を紹介する「YouTube101のストーリー」に選出されている。またサブチャンネルで，信州上田のグルメ情報なども発信している。くわえてSNSなどを活用した情報発信も以前から続けている。

　こうした様々な発信により，「自分から製品を売りに行くよりも，上田に来て体験してもらう」こと，つまり「コト消費」を重視しているという。

第3章

諏訪・岡谷地域産業集積の
イノベーション
──その変遷と現在

　本章では，諏訪・岡谷地域の精密機械産業の変遷と現在について記述する。諏訪・岡谷地域の産業集積はこれまでも製糸業，精密機械産業，メカトロニクス産業といったように産業構造を転換しながら存続してきた。先行研究を元に第二次世界大戦前後からその変遷を整理したうえで，工業統計・経済センサスを元に2008〜2019年までの産業集積の実態を明らかにしていく。

Key Words

産業集積，　産業構造転換，　技術蓄積と転用，
統計データを用いての実態把握，　リーマンショックからの回復

1 諏訪・岡谷地域産業集積の変遷

　諏訪・岡谷産業集積は長い歴史を持つ。その起源を御柱祭で有名な諏訪大社の宮大工に求める人さえいる。しかし，他の多くの先行研究と同様に，本章では諏訪・岡谷地域産業集積の変遷について，それらの先行研究に依拠する形で第二次世界大戦前後から記述していきたい。

　なお，本章では諏訪・岡谷地域という言葉を諏訪市・岡谷市という狭い意味

で使っていく。行政区分上の諏訪地域は，地理的に近接する諏訪市，岡谷市，茅野市，下諏訪町，富士見町，原町を指す。しかし，その中でも産業の中心となっていたのは諏訪市と岡谷市であり，従来の研究者の焦点もこの2つの市に集中している。そのため，本章でも諏訪市・岡谷市を対象とする。

　諏訪・岡谷地域では，明治以降，製糸業が盛んであった。精密機械工業発展の契機は，第二次世界大戦時の軍需，および疎開工場である。帝国ピストンリング（現在のTPR），第二精工舎（現在のセイコーエプソン），高千穂製作所（現在のオリンパス）等の京浜地域の軍需関連企業，および機械製造企業が諏訪・岡谷地域に工場を建てたり，疎開させたりした。その結果，製糸業中心であった諏訪・岡谷地域に機械金属工業の芽が出てきたのである[1]。

　第二次世界大戦後，軍需関連の需要はほぼなくなり，疎開していた工場の多くは諏訪・岡谷地域から去ったが，帝国ピストンリング，セイコーエプソン，オリンパス光学工業は長野の工場を残し，引き続き操業した。また，製糸業関連企業からのスピンオフも活発となった。具体的には，製糸工場のためのバルブ製作を行っていた北澤工業の従業員が独立し，三協精機（現在の日本電産サンキョー），八洲精機（後のヤシカ）等の企業を立ち上げ，規模を拡大させていった[2]。

　そして，それらの企業の生産プロセスの一部を協力工場として担う企業群が，既存企業からのスピンオフやそれまで農業を営んでいた人々の起業という形で生まれてきた。諏訪・岡谷地域の大企業には，時計，カメラ，オルゴール等の製品自体が小さく，必然的に部品も小さい製品を作る企業が多かったため，協力工場の仕事は主に精密金属加工であった。削ったり，打ち抜いたりして，小さな部品の加工を行っていたのである[3]。

　このような歴史的変遷を辿ったため，諏訪・岡谷地域の産業集積は，大企業を頂点とするピラミッド構造であった。セイコーエプソンや三協精機が諏訪・

---

1 ）　宇山（2017）。
2 ）　山本・松橋（1999）。
3 ）　同上。

岡谷地域の中小製造業企業に部品加工を委託していた。そして，多くの中小製造業企業がそれぞれの特定の大企業から自社の仕事の大半を得ていた[4]。

　1970年頃から，協力工場に仕事を出していたセイコーエプソン等の大企業のいくつかが，プリンター等のメカトロニクス分野に進出していくことになる。そのような大企業は，その新しい領域の部品加工も，それまで付き合いのあった協力工場に外注していった。その際，大企業は協力工場の新しい技術導入を支援した。そのため，協力工場において，メカトロニクス関連部品加工の技術・ノウハウが蓄積していくことになった[5]。

　諏訪・岡谷地域産業集積における精密機械産業からメカトロニクス産業への転換と並行して，ピラミッド構造であった大企業と中小製造業企業の関係性の変化も徐々に生じてきていた。その原因は，諏訪・岡谷地域の大企業の量産機能海外移転である。1970年頃から諏訪・岡谷地域の大企業が海外に生産機能を移転し始めた。1970年代はニクソン・ショックやオイルショックによって世界経済，日本経済が不況であったこともあり，受注量の減少や取引打ち切りに直面する諏訪・岡谷地域の中小製造業企業も存在した。また，取引のあった中小製造業企業に対して，自社からの発注量がこれから減少していくので新たな取引先を探すようにとアナウンスする大企業もあった[6]。そして，大企業の量産機能海外移転は，1985年のプラザ合意に伴う急激な円安によって加速していった。

　大企業の量産機能海外移転に伴うそれらの企業からの受注減少に対して，諏訪・岡谷地域の中小製造業企業は諏訪・岡谷地域外の企業も含めた意味で取引先の多様化を進めた。1社に頼るのではなく，複数の企業と取引することでリスク分散を目指したと解釈できる。その結果，産業集積内企業は，電機機械器具，一般機械器具，金属製品，精密機械器具といった多様な領域で生存するようになっていった。

---

4)　同上。
5)　粂野（2015）。
6)　額田・粂野・岸本・松嶋（2010）。

何故，取引先の多様化が可能であったのか？

　取引先の多様化実現のためには，新規取引先の開拓が必要となる。その際に活きたのが，それまで諏訪・岡谷地域の大企業からの仕事で培った技術・ノウハウであった。技術・ノウハウとしては，大きく2つのものが挙げられる。1）精密加工技術，2）生産工程に関するノウハウである。

　まず，精密加工技術について。諏訪・岡谷地域に立地した大企業は，少なくとも設立当初，時計・オルゴール・カメラなど小さい部品を組み立てて作る製品を手掛けていた。その小さい部品の加工の際には，精密な加工が必要とされる。

　そのような諏訪・岡谷地域の中小製造業企業にとって，進出していった他産業における部品加工はそれほど難しいものではなかった。材質や形状等の問題もあり正確な比較は難しいが，一般的にいえば，時計などを構成する微細部品を加工するよりも，メカトロニクス製品に組み込まれているような大きさの部品加工の方が難易度が低い場合が多い。そのため，微細加工での経験を新しい部品加工においても十分に活かすことができた。例えば，他地域の微細加工経験がない企業よりも細かい部分の仕上げをより丁寧に行ったり，小さいがゆえに難しい形状についても加工できたりしたのである。

　また，大企業の精密機械産業からメカトロニクス産業への転換に伴って，それまでの蓄積を活かしながら，新しい部品加工にチャレンジする経験を得たという点も大きいと考えられる。1970年代から大企業の生産機能海外移転に伴ってそれらの大企業からの受注は集積全体レベルで考えると徐々に減少していた。しかし1985年以降の大企業の本格的な生産機能海外移転の前に十分な経験を得られたのである。

　通常，中小製造業企業が新しい領域に進出する際には，顧客と製品という両面での新規性に直面する。それまでとは異なる顧客を獲得しなければならない，

それまでとは異なるものを作らなければならない。どちらも高いハードルである。しかし，諏訪・岡谷地域の中小製造業企業は，従来の顧客との取引において，その顧客からの仕事がなくなる前に，それまでとは異なる部品加工にチャレンジすることができた。そのため，新規顧客獲得という課題に経営資源を割くことなく，技術的問題の解決のみにまずは集中できた。

　そのプロセスで獲得したものとしてはまずメカトロニクス等の新たな領域に関連する知識・技術が挙げられる。しかしそれ以上に重要と考えられるのは，既存の技術を活かして新たな加工を考え，実施する能力である。これは，既存の技術を新しい加工にどう活かしていくかを考えるメタ的な能力である。この能力を蓄積したことで，諏訪・岡谷地域の中小製造業企業は，新たな顧客の新たな部品加工を手掛ける際にも既存の技術・ノウハウの蓄積を上手く活かし，競争優位を確立することができたと考えられる[7]。

3　諏訪・岡谷地域産業集積の現在

　これまで先行研究から，諏訪・岡谷地域の産業集積発展について整理してきた。戦後，大企業を中心とするピラミッド構造に組み込まれていた中小製造業企業が，地域外の様々な産業の企業と取引するようになっていった。

　しかし，先行研究の多くは2010年ぐらいまでのものであり，それ以降の諏訪・岡谷地域の産業集積に関するものは少ない。そこで，本章では，今後の研究の出発点として，経済産業省が公表している「工業統計」および「経済センサス」のデータから諏訪・岡谷地域の2008年から，2022年10月現在利用できる最新データである2019年に至るまでの実態把握を行う。2008年から開始する理由は，2009年はリーマンショックに端を発する世界的な景気後退で様々な経済

指標が落ち込んだ年であり，それ以前の数値がなければ，2010年代の動向を前の時代からの連続性をもって分析できないと考えたためである[8]。

(1) 日本全体の製造業の動向

　本章の分析は，諏訪・岡谷地域の中小製造業企業が対象であるが，それらの企業は他地域の企業と取引関係を通じての深い関係性を有しているため，まずは日本全体の製造業の動向を見る。**図表3－1**は，日本全国の製造業における製造品出荷額等と事業所数を示したものである[9]。左軸が製造品出荷額等，右軸が事業所数である。製造品出荷額等は，2009年に落ち込んだ後，緩やかに回復し，2008年の水準に近付いている。一方，事業所数は減少傾向にあり，2019

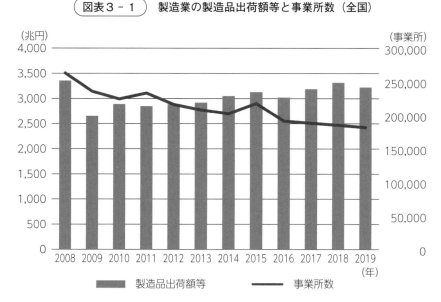

図表3－1　製造業の製造品出荷額等と事業所数（全国）

（出所）経済産業省「工業統計」および「経済センサス」から筆者作成

8） 2007年以前のデータも用いるとより連続的な分析となるが，2007年と2008年の数値には大きな差はなく，また2008年に日本標準産業分類が改訂されたこともあり，今回は2008年からの分析とした。

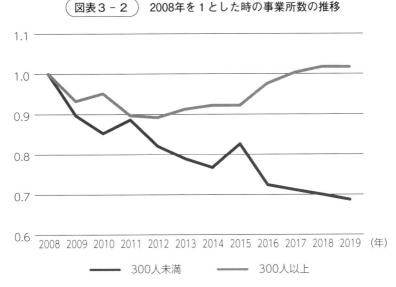

図表3-2　2008年を1とした時の事業所数の推移

(出所) 経済産業省「工業統計」および「経済センサス」から筆者作成

年には2008年の約69％までに落ち込んでいる。

　この事業所数の落ち込みは，主に従業員数が少ない事業所数の減少によるものである。**図表3-2**は，従業員4～299人までの事業所と従業員300人以上の事業所に分けたうえで，2008年を1とした時の事業所数の推移を見たものである。2009年から減少していったのは共通しているが，従業員300人以上の事業所は2012年には下げ止まり，その後回復していったのに対して，従業員4～299人の事業所数は減少傾向が続いている[10]。従業員4～299人の事業所が，従業員を増やして従業員300人以上になった場合もあったと思われるが，図表の

---

9)　ただし，従業員4人以上の事業所のデータである。また，「製造品出荷額等」とは，「製造品出荷額」，「加工賃収入額」，「修理料収入額」，「製造工程から出たくず及び廃物」の出荷額とその他の収入の合計である。
10)　なお，従業員4～299人の事業所数が2011年，2015年にそれぞれの前年より増えているが，これは「工業統計」ではなく「経済センサス」からデータを取得した年であり，両調査の違いが影響を与えている可能性は否定できない。

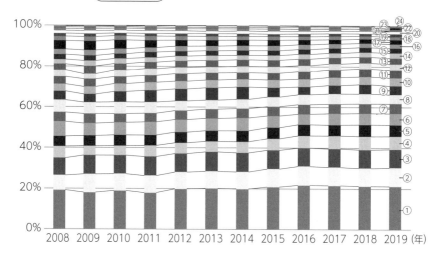

図表3-3　製造品出荷額等産業別割合（全国）

① ■ 輸送用機械器具製造業
② □ 食料品製造業
③ ■ 化学工業
④ ■ 生産用機械器具製造業
⑤ ■ 電気機械器具製造業
⑥ ■ 鉄鋼業
⑦ ■ 金属製品製造業
⑧ 電子部品・デバイス・電子回路製造業
⑨ ■ 石油製品・石炭製品製造業
⑩ ■ プラスチック製品製造業（別掲を除く）
⑪ ■ はん用機械器具製造業
⑫ 非鉄金属製造業

⑬ ■ 飲料・たばこ・飼料製造業
⑭ ■ パルプ・紙・紙加工品製造業
⑮ ■ 窯業・土石製品製造業
⑯ ■ 業務用機械器具製造業
⑰ ■ 情報通信機械器具製造業
⑱ ■ 印刷・同関連業
⑲ ■ その他の製造業
⑳ 繊維工業
㉑ ■ ゴム製品製造業
㉒ ■ 木材・木製品製造業（家具を除く）
㉓ ■ 家具・装備品製造業
㉔ なめし革・同製品・毛皮製造業

（出所）経済産業省「工業統計」および「経済センサス」から筆者作成

　元データを確認すると，2008年から2019年にかけての従業員4～299人の事業所の減少が約8万，従業員300人以上の事業所の増加が約60なので，従業員4～299人の事業所数の減少のほとんどは，従業員が3人以下となって工業統計の集計から外れた場合を除き，倒産や廃業によって生じていると思われる。

　また，諏訪・岡谷地域の中小製造業企業の分析との関係で，日本標準産業分類の中分類レベルで見た日本全国での製造品出荷額等産業別割合についても図

表３－３で示しておく。2008年と2019年を比較すると，ほとんどその割合に変化が見られないことがわかる。輸送用機械器具製造業と食料品製造業が２ポイント上昇し，情報通信機械器具製造業と電子部品・デバイス・電子回路製造業が２ポイント下落している他は，ほとんど変化がない。

(2)　諏訪市の中小製造業企業の動向

　これまで諏訪・岡谷地域とまとめて考えてきたが，詳しく見ていくと両地域それぞれに特徴がある。そのため，ここからは諏訪市・岡谷市それぞれの2008年から2019年までの動向を示していく。

　図表３－４は諏訪市の製造品出荷額等と事業所数を表したものである。データは，４人以上の全ての従業員規模の数値であるが，従業員300人以上の事業所は存在しない年も多く，存在する場合でもごく少数のため，ほぼ従業員４～

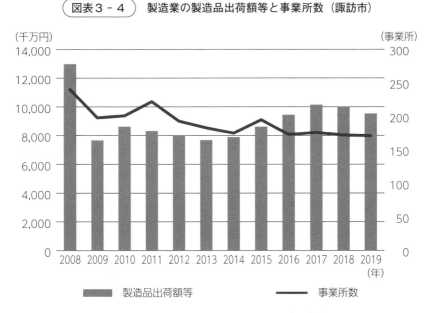

（図表３－４）　製造業の製造品出荷額等と事業所数（諏訪市）

（出所）経済産業省「工業統計」および「経済センサス」から筆者作成

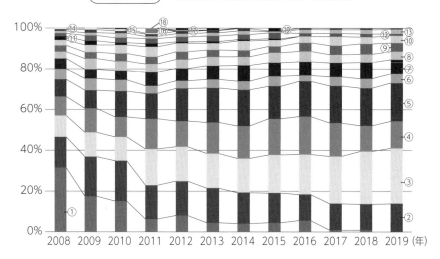

（図表3－5）製造品出荷額等産業別割合（諏訪市）

① ■ 情報通信機械器具製造業
② ■ 金属製品製造業
③ ■ 生産用機械器具製造業
④ ■ 業務用機械器具製造業
⑤ ■ 輸送用機械器具製造業
⑥ ■ はん用機械器具製造業
⑦ ■ 電子部品・デバイス・電子回路製造業
⑧ ■ 食料品製造業
⑨ ■ 非鉄金属製造業
⑩ ■ その他の製造業

⑪ ■ 電気機械器具製造業
⑫ ■ 飲料・たばこ・飼料製造業
⑬ ■ プラスチック製品製造業（別掲を除く）
⑭ ■ 印刷・同関連業
⑮ ■ 木材・木製品製造業（家具を除く）
⑯ ■ ゴム製品製造業
⑰ ■ 化学工業
⑱ ■ 家具・装備品製造業
⑲ ■ 鉄鋼業

（出所）経済産業省「工業統計」および「経済センサス」から筆者作成

299人規模の事業所のデータと考えられる。

　製造品出荷額等に関しては，2009年に落ち込んだ後，なかなか回復せず，2014年になってようやく増加傾向となる。文字数の都合上掲載していないが，全国レベルの従業員4～299人の事業所における製造品出荷額等は，**図表3－1**で示される4人以上の全従業員規模のデータの動きとほぼ同じ傾向である。比較すると，諏訪市の事業所は，リーマンショック以後の不景気の影響をより強く受け，その回復にも時間がかかったことが見てとれる。

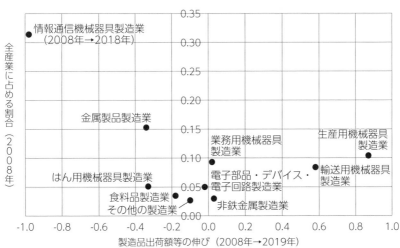

図表3-6　産業別製造品出荷額等の伸び（諏訪市）

（出所）経済産業省「工業統計」および「経済センサス」から筆者作成

事業所数の減少に関しては，全国レベルのデータとほぼ同じ傾向で，2019年の事業所数は2008年の約71％となっている。

全国レベルのデータと大きく異なるのが，中分類で考えた場合の産業別のデータである（**図表3-5**）。ここでは製造品出荷額等について示す。

ほとんど変化のなかった全国レベルのデータとは異なり，割合が大きく変化している。詳しく考えるため，2008年において上位から数えて10番目までの産業を取り上げ，製造品出荷額等の2008年時の全産業に占める割合と2008年から2019年までの伸びを見る（**図表3-6**）。

縦軸は2008年にそれぞれの産業が諏訪市全体の製造品出荷額等の中でどれくらいの割合を占めていたのかを示している。つまり，グラフの上部にプロットしているほど，その産業が諏訪市の中で大きな割合を占めていたことになる。横軸は2008年から2019年を比較してどれくらい製造品出荷額等が伸びたのかを示している。例えば，横軸の0.6の位置にプロットされていれば，2019年の製

造品出荷額等は2008年の1.6倍であることを示す。最小値は-1であり，これは2008年は製造品出荷額等が記載されているものの，2019年の製造品出荷額等が0であることを示す。

　図表３－６で最も目を引くのは，情報通信機械器具製造業の衰退である。2008年時点では，全体の約31％を占め，２位以下を引き離しての１位であった。しかし2018年にかけて減少した後，2019年には統計上の数値としては０となっている。情報通信機械器具製造業には，印刷装置製造業（プリンタ等），電気音響機器器具製造業，デジタルカメラ製造業等かつての諏訪・岡谷地域の産業集積を特徴付けた製品群が含まれている。その生産の消滅は諏訪市に立地する中小製造業企業にとって大きなインパクトを与えたと考えられる。情報通信機械器具の部品加工が製造品出荷額等の中で大きな割合を占めていた企業は，事業を存続しようとすれば，他産業の受注を新たに獲得する必要に迫られたと考えられる。

　データから考えると，諏訪市の中小製造業企業が獲得したのは，生産用機械器具製造業と輸送用機械器具製造業の仕事であったといえる。注目すべきは，それらの産業が日本全体で拡大していたために諏訪市に立地する中小製造業企業にも仕事が舞い降りてきた，というわけではないという点である。既に見たように，日本全体の中分類産業別製造品出荷額等の割合に大きな変化はない。また，その額も大きく伸びていたわけではない。そういった点から推察すると，顧客がそれまで他地域の企業に頼んでいた仕事を獲得していったと考えられる。もちろん，全国レベルでの小規模な事業所減少を考えると，それまで取引していた他地域の小規模企業が廃業・倒産したため，発注元が新たな発注先を探すというケースも多かったと想定できる。しかし，その場合でも，他地域の中小製造業企業との競争に勝てなければ，その仕事を獲得できない。諏訪市の中小製造業企業は，その数は減少させながらも，既存の蓄積を活かしながら新たな領域においても競争優位を発揮し，事業を継続させていったと考えられる。

(3)　岡谷市の中小製造業企業の動向

次に岡谷市の中小製造業企業の動向について確認していく[11]。

事業所数については，全国レベルおよび諏訪市の傾向と大差ない。特徴的なのは，製造品出荷額等である。2009年に落ち込んだ後，2012年にかけてすぐに大きく伸びた後，2016年にかけて落ち込み，その後また回復傾向にある（**図表3－7**）。その理由は，次の中分類産業別の製造品出荷額等の割合を見るとわかる。

図表3－8を見ると，電子部品・デバイス・電子回路製造業の割合が大きく変動していることがわかる。2010年から2013年にかけて大きく伸びた後，その

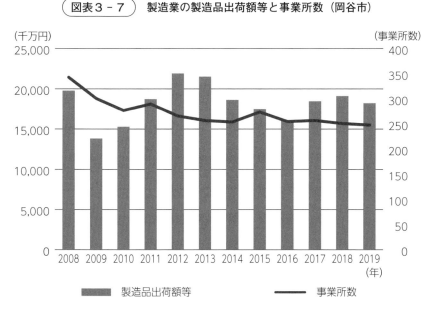

図表3－7　製造業の製造品出荷額等と事業所数（岡谷市）

（出所）経済産業省「工業統計」および「経済センサス」から筆者作成

11)　なお，諏訪市と異なり，岡谷市のデータには毎年2〜3社，従業員300人以上のデータが含まれている。はん用機械器具製造業2社，電子部品・デバイス・電子回路製造業0〜1社である。

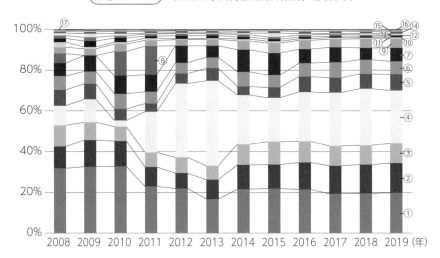

図表3-8　製造品等出荷額産業別割合（岡谷市）

① ■はん用機械器具製造業
② ■金属製品製造業
③ ■生産用機械器具製造業
④ □電子部品・デバイス・電子回路製造業
⑤ ■業務用機械器具製造業
⑥ ■非鉄金属製造業
⑦ ■電気機械器具製造業
⑧ ■化学工業
⑨ ■輸送用機械器具製造業
⑩ □情報通信機械器具製造業
⑪ ■食料品製造業
⑫ ■鉄鋼業
⑬ □プラスチック製品製造業（別掲を除く）
⑭ ■印刷・同関連業
⑮ ■繊維工業
⑯ ■その他の製造業
⑰ ■家具・装備品製造業

（出所）経済産業省「工業統計」および「経済センサス」から筆者作成

後はその割合が下降傾向にある。この電子部品・デバイス・電子回路製造業の変動が，特徴的な岡谷市全体での製造品出荷額等の変化の原因に基本的にはなっている。

　図表3-8では，電子部品・デバイス・電子回路製造業以外の変化が分かりにくいので，諏訪市の場合と同様に2008年に製造品出荷額等の上から10位までに入っていた産業を取り上げ，2008年から2019年までの伸びを見る。

　図表3-9からも，電子部品・デバイス・電子回路製造業の顕著な伸びが確

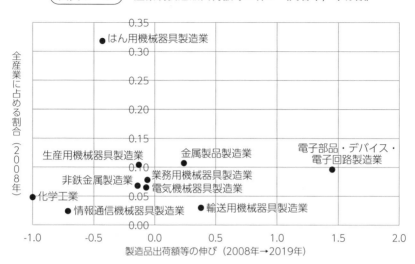

図表3-9　産業別製造品出荷額等の伸び（岡谷市，中分類）

（出所）経済産業省「工業統計」および「経済センサス」から筆者作成

認できる。それ以外でまず目につくのは，はん用機械器具製造業である。山本・松橋（1999）によれば，岡谷市にはもともと専用機械製作企業が多かったという。その内実を見ると，自動化機械，組立装置等現在の産業分類で考えるとはん用機械器具製造業に入るものも多い。2008年時点においても，その歴史的経緯もあってか，はん用機械器具製造業の製造品出荷額等は大きかった。しかし，2019年は2008年の6割弱となっている。それとは対照的に，2008年において製造品出荷額等が3番目であった金属製品製造業は25％ほど伸びている。なお，諏訪市で顕著な伸びを見せていた輸送用機械器具製造業は岡谷市でも伸びてはいるが，2008年時の製造品出荷額等が大きくなかったこともあり，現在のところ，2019年においても大きな存在感を示しているというわけではない。

　上記のような岡谷市の産業構造の変化，特に電子部品・デバイス・電子回路製造業の進展については，工業統計・経済センサスのデータからでは事実関係をはっきりさせることは難しい。単純に，景気変動の影響を受けやすい産業だ

からという可能性もある。ただ，岡谷市の電子部品・デバイス・電子回路製造業に分類される企業を調べたところ，比較的新しい企業や創業自体は古くてもこの領域に乗り出してからはまだ長い時間は経っていない企業が見受けられる。また，これらの企業においては，当然回路設計等のエレクトロニクス関連技術も重要であるが，同時に実装も含めた意味での加工・組立技術が必要とされていることもわかる。さらに，その部品に関しては，諏訪・岡谷地域の企業が得意としていた精密な金属部品が使用されている。

　これらの事柄をふまえると，もともとエレクトロニクス関連技術を持っていた企業が岡谷市に工場を建てたり，生産委託等の経験によって同技術を蓄積していった岡谷市の企業がこの領域に乗り出したりしていった。そして，その自社工場における製造にあたっては地元の人々のもの作り経験が活きており，また部品の一部に関しては地域の中小製造業企業にも外注する形で製品を作り上げているのではないかとも考えられる。もちろん，これはあくまで仮説であり，今後，個別の企業へのインタビュー等さらなる調査が必要とされる。

おわりに

　本章では，諏訪・岡谷地域の中小製造業企業について，歴史的経緯を概観した後に，2008〜2019年の動向を工業統計・経済センサスのデータから整理した。諏訪市・岡谷市の中小製造業企業は，全体的な事業所数は減少しているものの，新しい仕事を確保し，地域の産業構造を転換させながら事業継続させている企業の存在も示唆された。紙面の都合があるので図表は掲載しないが，2009年の市全体の製造業の粗付加価値額を事業所数で割った1事業所あたりの粗付加価値額は諏訪市も岡谷市も2008年度の水準を超えており，これも存続している企業の維持・成長を示す傍証といえる[12]。

　本章においては，用いたデータから生じる制約もある。例えば，個別企業の

資本金のデータを入手できないため，従業員4〜299人規模の事業所を主要な
分析の対象としたが，それらの事業所の中には中小企業の定義を外れる企業が
入っている可能性もある[13]。

　ただ，岡谷市の電子部品・デバイス・電子回路製造業を中心とする産業構造
転換等，今後探究すべきテーマが見つかったのは確かな収穫である。今後も，
諏訪・岡谷地域の産業集積に注目していきたい。

---

12)　諏訪市は約2億5,000万円（2008年）から約2億7,000万円（2019年），岡谷市は約2億8,000万円
　　（2008年）から約3億6,000万円（2019年）。
13)　加えて，3人以下の事業所のデータを取り扱っていない，そもそも事業所と企業は必ずしも同
　　じではないといった問題もある。

■参考文献────────

宇山翠（2017）「諏訪地域における産業集積の再編に関する論点整理」『企業研究』第30号，179-200頁。

岸本太一・粂野博行編著（2014）『中小企業の空洞化適応』同友館。

粂野博行（2003）「地方都市型産業集積の変化―長野県諏訪・岡谷地域と上伊那地域」『地域と社会』第6号，25-74頁。

粂野博行（2015）「グローバル化時代の地方工業集積―長野県上伊那地域を事例として」『商工金融』65(1)，8-21頁。

経済産業省「工業統計」。

経済産業省「経済センサス」。

佐藤充（2012）「産業集積における地域イノベーションの創出メカニズムに関する研究―長野県・諏訪地域を事例にして」『地域活性研究』第3号，53-62頁。

関満博・辻田素子編（2001）『飛躍する中小企業都市―「岡谷モデル」の模索』新評論。

額田春華・粂野博行・岸本太一・松嶋一成（2010）『技術とマーケットの相互作用が生み出す産業集積持続のダイナミズム―諏訪地域では，なぜ競争力維持が可能だったのか』中小企業基盤整備機構経営支援情報センター。

山本健兒・松橋公治（1999）「中小企業集積地域におけるネットワーク形成―諏訪・岡谷地域の事例」『経済志林』第66巻第3・4号。

渡辺幸男（1997）『日本機械工業の社会的分業構造』有斐閣。

與倉豊（2011）「地方開催型見本市における主体間の関係性構築―諏訪圏工業メッセを事例として」『経済地理学年報』第57巻，221-238頁。

Column Ⅲ

幅広い領域で機能する深い技術蓄積のポテンシャル

　諏訪に松一という企業がある。時期によって従業員数は異なるが，多いわけではない。家族経営といってもいい小さな企業である。雑貨商からスタートしたが，その後腕時計部品の製造に乗り出した。そして，主要取引先の生産機能海外移転等に伴って，自動車部品仕上げ加工，医療部品加工等の幅広い領域において活躍していくことになる。特に研磨に関して深く技術を蓄積しており，社長の松澤氏は「信州の名工」にも選ばれている。

　最近，松一はアクセサリーの製造・販売にも乗り出している。例えば，「誕護」というベビージュエリーである。ジュエリーデザイナーの津田珠子氏と組み，医療用の特殊合金を用いて，美しい輝きを放つジュエリーを作り上げている。医療用素材を使用しているので，金属アレルギーの心配も限りなく低いという。ベビージュエリーだけではなく，「スワメガミ」というブランドで大人向けアクセサリーも製造・販売している。

（出所）
松一ホームページより

　この松一の展開から，諏訪・岡谷地域の中小製造業企業の高いポテンシャルが窺える。生産管理工程も含めた意味で，その技術蓄積は深く，それを新しい領域への加工に活かしていく能力にも優れている。これからも不可能とも思える精密な加工でも，実現していくことができるであろう。

　諏訪・岡谷地域が，これからもチャレンジングな課題をその高い技術でクリアしていく産業集積であり続けていくことを願ってやまない。

第４章

都会から人を呼び込む！
──南箕輪村と飯田市の挑戦

　本章では，都会から人を呼び込む県内市町村の事例を紹介する。南箕輪村は，半世紀以上人口増を続け，子育て支援策が充実することによって，多くのファミリー層を引き寄せている。リニア開業を控える飯田市では，これまで培ってきた伝統や公民館活動などを踏まえ，上質なローカル作りを目指している。これらを踏まえ，移住したい県ナンバー１の今後のあり方を考察する。

Key Words

移住政策，　地方創生，　消滅可能性都市，　首長，　子育て支援，
新しいコミュニティ，　リニア，　公民館活動，　上質なローカル

1 はじめに

　人口減少が本格化する中で，自治体は移住・定住策を競っている。大きなきっかけは，日本創成会議が2014年に発表した消滅可能性都市のリストだった。全国の896自治体で2040年には20代，30代の女性が半減以下となり，将来的には地域社会が維持できなくなってしまうという，なんとも衝撃的な内容であった。これをきっかけに政府は地方創生を最重要政策の一つに掲げ，国と地方が

様々な取組みを開始したのだ。

　人口が増え続けている首都圏などの大都市部から人を呼び込むべく，全国各地で，そして長野県内でも自治体が創意工夫を重ねている。東京から比較的近く，大自然に恵まれているということなどもあって，以前から移住の希望先としては，長野県は全国トップクラスの人気を誇っている。例えば宝島社が実施している移住したい都道府県ランキングでは，17年連続１位となっている。

　2001年以降は長野県も社会減，つまり転出者が転入者を上回る状況が続いていたが，2022年は22年ぶりにプラスに転じた。

図表４-１ 南箕輪村と飯田市の位置

　本章では，長野県内で最も平均年齢が若く，また，子育て支援策などの充実によって多くの移住者を呼び寄せ，人口が増加し続けている南箕輪村とリニア中央新幹線（以下「リニア」とする）の駅が建設されることによって飛躍的な発展が期待される飯田市を取り上げる。両自治体の取組みや課題，今後の展望などに触れるとともに，これからの地域経営のあり方について首長の生の声を伝える。さらには，長野県全体の移住・定住策の現状と課題を俯瞰することとする。

2　子育て支援で輝く南箕輪村

（1）　南箕輪村の概要

　南箕輪村は，長野県の南部に位置する上伊那郡の村で，伊那市に隣接している。区域は東西に飛び地となっていて，面積は約41㎢，人口は約16,000人で県内の村では最も多い。天竜川右岸に位置し，沖積地，扇状地そして飛び地の山岳地に分けられ，住民の多くは扇状地に暮らしている。

　第二次世界大戦後，人口は6,000人台の前半で推移していたが，高度経済成長の時代に入ると南箕輪村にも多くの工場が立地するようになった。さらに，中央自動車道が1976年に開通し，インターチェンジが設置されると電子機器やIT関係の工場の立地も進んだことで人口は増加を続け，1980年代後半には１万人を突破した。村内の工場のほか，伊那市などの周辺自治体に通勤する住民も多く，伊那地方におけるベッドタウン的性格を持つ[1]ようになったのである。

　南箕輪村には信州大学農学部がある。国立大学のキャンパスが置かれている村は全国唯一だ。その前身は長野県立農林専門学校で，地元が数多くの寄付を集め，設立が認可された[2]。

（2）　これまでの取組み

A　南箕輪村のセールスポイント

　南箕輪村移住定住促進サイトでは**図表４−２**のように，村のセールスポイントを８項目示している。これをみれば，南箕輪村が地方への移住・定住を考えている人々，特に子育て世代にとってどれほど魅力的な地域であるかがよく分かるだろう。

１）　南箕輪村（1985）848頁。
２）　田村（2022）136頁。

南箕輪村のセールスポイント

項目	取組み・エビデンス等
子育て支援サービス充実	子育て世代サポート制度（保育料の減免，病児・病後児保育，すくすくはうす（一時的保育），福祉医療費給付金ほか）。
人口増加率長野県第１位	人口増減率27.09%（1995〜2015年）
台風等の自然災害が少ない	平成18年７月豪雨でも死者０，伊那盆地のため台風の影響は少ない。
長野県で一番若い村	平均年齢43.3歳（2015年）
18歳まで医療費ほぼ無料	福祉医療費給付金によって18歳まで医療費ほぼ無料（１医療機関につき月500円負担）
インターチェンジがありアクセスがいい	伊那インターチェンジから東京まで約180分，名古屋まで約140分。
人口数長野県の村第１位	16,011人（2022年６月１日現在推計人口），全国の村の中では第６位。
日本で唯一保育園から大学院まである村	保育園(5)，小学校(2)，中学校(1)，高等学校(1)，短期大学校(1)，大学(1)，大学院(1)

（出所）南箕輪村移住定住促進サイト（https://minamiminowa.net）などをもとに筆者作成

　これらの取組みは，今に始まったものではない。例えば，保育園については1976年にはすでに５つ目となる南原保育所（現在の南原保育園）が設置されている[3]。信州大学農学部も1949年開学だ。

　地方創生は，まち・ひと・しごと創生でもある。まちは潤いのある豊かな生活を安心して営める地域社会，ひとは個性豊かで多様な人材，しごとは魅力ある多様な就業の機会とされている。南箕輪村は，自然が豊かで災害も少なく暮らしやすいところだ。子育て環境が充実していて，教育機関にも恵まれている。そして何よりも村内だけでなく，伊那市や隣の箕輪町などにも就業の場が数多く用意されている。地方創生の環境は十分整っているのだ。

3）　南箕輪村（1985）984頁。

B　人口増加の要因

　南箕輪村が人口増加を続けているのはなぜか。この点について考察を行い続けているのが現村長の藤城栄文氏だ。藤城氏は，地域おこし協力隊員の時から南箕輪移住区というブログで発信を続けている。

　藤城氏によれば，南箕輪村で過去から普遍的に続いている土台として，村民の所得は高いが土地の評価額が低いという点がある。納税義務者一人あたりの課税対象所得を用いて，市区町村住民の豊かさを示すことがある。全国では，以前は千代田区がトップだったが，21世紀に入ってからは港区となっている[4]。

　2018年における1人当たり所得は南箕輪村が312万円，これは長野県内では軽井沢町，松本市に次いで3番目に多く，長野市を凌いでいる。その一方で2020年の地価公示によれば，長野県で地価が示されている43市町村の中では全用途の価格が8番目に低くなっている。

　この土台の上に2つの大きな波が重なったことで南箕輪村は半世紀以上にわたって人口増を続けているのだ。1つ目の波が，昭和40年代頃から始まった人口増の影響によるもので，この要因としては高速道路の開通や積極的な企業誘致策といったいわゆる20世紀型の地域振興が功を奏したことが考えられる。

　もう1つの波は唐木一直前南箕輪村長が先進的に進めてきた子育て支援によるものだ。唐木氏は村職員出身で，日本一の子育ての村を目指し，村長就任後は保育料の引き下げを積極的に進めた。また，子どもの医療費助成も段階的に行い，金銭的な支援だけでなく，女性の就業相談窓口を独自に開設するなどソフト面の政策にもきめ細かく取り組んできたのが大きな特徴だ。

(3)　村長が目指すむらづくり

　現村長の藤城氏は東京都出身で，大学を卒業後に江戸川区役所の職員となり，その後，地域おこし協力隊員として村に移住してきたという異色の経歴を持っている。地域おこし協力隊出身の首長は全国初だ。南箕輪村議会議員を経て

4）　田村（2018）41〜47頁。

2021年の村長選挙で初当選を果たしている。南箕輪村の魅力や成功の秘訣はどのようなところにあるのか，藤城氏にお話をうかがった[5]。

田村（筆者）　南箕輪村に移住したきっかけは何だったのですか。

藤城　妻が伊那市高遠町の出身で，出産の際に帰省していたので，週末にはこちらに来ていたこともあって馴染みがありました。当時は区職員を辞めて起業していました。3人目の子どもが生まれた後，妻が南箕輪村の保健師に採用され，私も会社の仕事が一段落していたこともあり，また，東京暮らしに息苦しさを感じたこともあって，移住を決めました。

田村　地域おこし協力隊員から村議会議員を経て村長選挙に立候補した経緯を教えてください。

藤城　協力隊で移住定住の仕事をやってみて，この村の魅力，自然の豊かさもありますが，特に人のよさというものを感じました。もともと人のやらないことをすることが好きなほうで，この村は魅力があるのにあまりPRがされていないという状況の中で，村の可能性をもっと高めたい，村の中心の部分に関わっていたいと思い，村議選があったので立候補して2019年に当選しました。議会活動を活発に行う中で回りから推されて，2021年4月の村長選挙で当選することができました。

田村　現在最も力を入れている取組み（コロナ関連以外で）は何ですか。

藤城　これまで子育て支援には十分力をいれてきたので，今後は教育にもっと重点を置いていきたいと考えています。また，定住自立圏の中央市である伊那市が森林循環に力を入れているので，カーボンニュートラルなどの取組みも大事にしたいですし，大芝高原のアカマツの植林なども進めていきたいですね。

田村　2030年頃，南箕輪村をどのような地域にしたいと考えていますか。

藤城　新しいコミュニティのあり方をこの村から発信できたらと考えています。住

5）　2022年6月7日に，南箕輪村村長室でインタビューを行った。

民の7割超が移住者で，しかもその多くがファミリー層です。東京のようなコミュニティが希薄な状況でもなく，一方で村八分といった閉鎖的な状況が起きるような濃密すぎる関係ではないという点を上手に活かした村づくりを進めていければと思っています。村の年長の方には，コミュニティが希薄になりつつあると危惧する声もありますが，今くらいがちょうどよいのでしょう。例えば，公民館をだれでも気軽に使えるような新たな取組みも始めています。

(4)　今後の課題と可能性

長らく自然増を続けてきた南箕輪村も，2021年にはついに自然減（△1人）となった。全国的にはニュータウンとして発展した住宅地も，その後，高齢化が急速に進展するケースもみられる。一方，地価が安いということもあって，村内では新築戸建て住宅の建設ラッシュが続いている（**図表4－3**）。自家用車は必需品ではあるが，コンパクトシティならぬコンパクトビレッジとして今でも多くのファミリー世帯を惹きつけている。

図表4－3　南箕輪村の住宅

これまでどちらかといえば移住者は近隣の上伊那地方からが多かったが，村民の平均年齢よりも若いリーダーの誕生で，今後は大都市部にも村の魅力が

もっと発信されていくことも期待される。

　周辺自治体や信州大学との関係も良好だ。伊那谷という言葉からは狭く，閉鎖的なイメージが醸し出されるが，実際には平坦なところが多く，むしろ開放的で，東西に連なる南アルプスと中央アルプスの絶景を余すことなく堪能できる風光明媚な地である。都会の喧騒が恋しくなれば，高速バスで日帰りするのも不可能ではない。

　長らく人口増を続けてきたのは，半世紀以上にわたる先人たちの努力と，それをしっかりとバトンタッチしてきた村役場の取組みの賜物である。藤城氏は，村でなかったら移住はしなかっただろうと語っている。南箕輪村は，日本一住み心地のいい村といっても過言ではないのだろう。この営みを継続するためにも，新たなコミュニティのあり方の模索が大切なものとなっていくだろう。

 リニア開通で輝く飯田市

(1)　飯田市の概要

　飯田市は，江戸時代には飯田藩の城下町として栄え，明治以降は製材業，製糸業で，昭和に入ると精密機械工業で栄えた下伊那地方の中心都市だ。1947年の大火で旧市街地の大半が焼失したが，これをきっかけに整備された防火帯にりんごの木が植樹され，1952年にりんご並木が誕生[6]した。

　江戸と京都の中間地点に位置することから，飯田市は東西の文化が交わる地域だった。人形浄瑠璃や歌舞伎も盛んで，そのような流れの中で，国際児童年の1979年に第1回人形劇カーニバル飯田（現いいだ人形劇フェスタ）が開催され[7]，毎年のように海外などからも参加して人形劇の一大イベントが催されている。

6）　飯田市（2013）276〜277頁。
7）　同上，336頁。

　南信州の小京都と呼ばれる飯田市の伝統工芸の１つが，和紙から作られる水引だ。現在は全国の約７割の水引がこの地で生産されている。食文化では，人口当たりの焼肉店が全国一多いともいわれていて，焼肉のまちとしても有名だ。羊やジビエなども好まれ，市内のあちこちに焼肉店が並んでいる。このほか，公民館活動も活発で，「結い」のまちとしても知られている。

　人口は1950年代には11万を超えていたが，2022年12月末現在では約97,000人となっている。2005年に遠山郷とも呼ばれる上村，南信濃村と合併し，面積は約659㎢だ。

(2)　リニア開業に向けて動き出したプロジェクト

A　リニア開業が飯田市にもたらすインパクト

　リニアについては，東海道新幹線開業前の1962年から研究開発が進められてきた。長野県内のルートについては，木曽谷ルート，伊那谷ルートも検討されたが，最終的には所要時間も短く，コストも少ない南アルプスルートに決定され，2011年に整備計画が策定された。

　計画では，路線延長は286㎞と東海道新幹線よりも短く，品川と名古屋の所要時間は最短40分，建設費は約5.5兆円で2027年の開業[8]とされたが，工事に伴う大井川への流量減少を懸念した静岡県のトンネル工事着工反対によって，開業時期は2023年時点では不透明となっている。

　もともと飯田市は在来線の飯田線は通っているものの，大都市部へのアクセスは悪く，「陸の孤島」状態が続いている。高速バスで名古屋市へは約２時間，長野市へも３時間以上かかる。東京駅からは新幹線で名古屋駅を経由して高速バスに乗っても約４時間，新宿からの直行高速バスも４時間超だ。

　これがリニア開通によって，品川駅から約45分，都心からのアクセスは一気に３時間以上短縮されることになる。名古屋駅からも約25分と従来の５分の１になる。気候は温暖で，自然環境にも恵まれている。災害も比較的少ない。こ

　8）　国土交通省。なお，その後建設費は７兆円程度に膨らんでいる。

のほか，飯田市と浜松市を結ぶ三遠南信自動車道が開通すれば，中央自動車道と東名自動車道がつながり，物流の面でも大きなインパクトがもたらされることが期待されている。

図表4－4　リニア新駅のイメージ図

（出所）飯田市（2019）

B　リニア新駅とまちづくり

　飯田市には，市の中心部から北東に位置する座光寺地区に新駅が建設される予定である。新駅周辺の整備予定地域の広さは約6.5ha，2019年に策定されたリニア駅周辺整備の基本設計「飯田・リニア駅前空間デザインノート」によれば，次世代の小型モビリティやEVバスの発着場や駐車場，多目的広場や交流広場，魅力発信施設などが駅前空間に置かれることとなっている。リニア開業によって，飯田市では定住人口と交流人口を**図表4－5**のように見込んでいる。

図表4－5　人口の将来展望

	2028年	2045年
定住人口	96,000人	91,000人
交流人口	156,000人	182,000人

（出所）飯田市「いいだ未来デザイン2028」

　2016年にはリニア開業を見通した総合計画，「いいだ未来デザイン2028」を作成している。ここでは，リニアがもたらす大交流時代に「くらし豊かなまち」をデザインすることを目指している。新駅周辺整備については実施設計を経て，飯田市の中心部や周辺町村への2次交通のあり方も含めてその内容が具体化されてくることとなる。

（3）　市長が目指すまちづくり

　飯田市の佐藤健市長は，総務省出身で副市長を8年務めるなどした後，2020年の市長選挙で初当選している。リニア開業後を見据えて飯田市のまちづくりをどのように進めようと考えているのか，佐藤市長のお話をうかがった[9]。

田村　飯田市のこれまでの移住・定住政策をどのように評価し，今後どのように進めようと考えていますか。

佐藤　他都市と比べても社会減が大きい状況は否めませんが，「数だけを追う」ことのないようにしたいと考えています。それぞれの人に寄り添い，その方のライフスタイルにあった移住のあり方を丁寧に提案できるような相談窓口を設け，実際に移住した人の満足度を高めるように努めています。飯田市では，飯田の語源である「結いの田」にちなんで，結いターンを進めています。単に飯田市だけでなく周辺町村と一緒になって，南信州の魅力を発信する取組みも進めています。

田村　リニア開業を契機とするまちづくりについて，今後どのように進めようと考えていますか。

佐藤　住民のリニア開業に対する期待は大きいものがあります。また，コロナ禍でテレワーク，サテライトオフィスが現実的なものとなる中で，新しい暮らし方にふさわしい地域として，二ヵ所居住などにも適応できるまちづくりを進めたいと考えています。また，環境に優しいまちづくりも積極的に進め，リニア開業によって東京や名古屋と行き来がしやすいことを最大のメリットとして情報発信にも努

9）　2022年6月28日に，飯田市役所会議室でインタビューを行った。

めたいです。

田村　交流人口を増やすために具体的にどのような取組みを進めようと考えていますか。

佐藤　すでにエス・バード（産業振興と人材育成の拠点）で大学のサテライトキャンパスや企業の研究部門を誘致していますが，さらに進めるとともに，この地域と関係を持ちたいという人を増やしたいと考えています。これまで農家民泊で中高生の修学旅行を受け入れてきましたが，これをもっと大人向けにしていき，地域との交流を深め，地域課題の解決に向けたつながりを持てたらと思います。

田村　リニア開業後，飯田市をどのようなまちにしていきたいですか。

佐藤　リニアが開業しても地域の特長を踏まえずに都市化を進めれば，求心力や発信力が弱いどこにでもあるまちになってしまうでしょう。文化的な特徴や公民館活動などに代表される飯田らしさというものをしっかりと残し，リニアのメリットも生かしつつ，「上質なローカル」，多様なライフスタイルが実現できるまちを目指したいと思います。

(4)　今後の課題と可能性

　リニア開業の時期が不透明となっている中で，社会減の流れは止まらない。大学がないこともあって，18歳人口の約7割は域外に流出し，最終的には半分以上が戻ってこない状況となっている。それだけにリニアに込めた地元の期待は大きなものがある。飯田線への乗換新駅設置は取りやめたため，道路網の整備や新交通システムの構築は急務だ。

　一方，伝統文化や人形劇，公民館活動など地域に根付いた取組みは，大都市にはない魅力であり，豊かな自然とともに多くの人を魅了するだろう。まさに上質なローカルの地である。リニア開業というメリットを最大限に生かしつつ，多様なライフスタイルが楽しめる飯田市をはじめとする下伊那地方は，新たな桃源郷となる可能性を秘めている。

これまで多くの新幹線新駅周辺では大規模な土地区画整理事業を行うといった20世紀型の地域振興が展開されてきた。東京，名古屋双方に通勤可能な地となるからこそ，21世紀型の地域振興，すなわち，これまで育まれてきたものを大切にした持続可能なまちづくりを続けることが求められるのだ。

移住したい県ナンバー1を持続するためには

(1)　移住したい県ナンバー1の強みと弱み

長野県は，これまで移住したい県ナンバー1の座を維持してきた。長野駅からも槍ヶ岳を眺めることができるような環境は都会では絶対味わえない。住宅街にある長野県立大学からも常念岳などの北アルプスや奥志賀の山々の眺望を楽しめるのだ。

スキーをはじめとするアウトドアスポーツは気軽に楽しめ，その一方で上田市や松本市などでは日照時間は長く，降水量も少ない。フルーツやきのこ，山菜なども豊富で，東京からも程よい距離だ。

だが，都道府県別大学収容力が全国最下位クラスに低迷し，4年制大学への進学率が関東・中部・近畿の都府県の中で最下位となるなど高等教育に関しては課題も少なくない。産業構造も全国に比べると第2次産業の比率が高く，若者に人気の職種が多くはないという傾向もみられる。

(2)　持続可能な移住政策を展開するためのポイント

北陸新幹線沿線の一部市町や南箕輪村などを除くと，県内の多くの市町村では社会減となっている。移住人気が必ずしも実績に結びついていないところもみられる。南箕輪村では，高速道路の開通という交通アクセスの改善を活かしつつ，若い世代が望む子育て支援の充実といわゆるムラ社会の窮屈さが少ない，ほどよいコミュニティのつながりが多くの人を引き寄せている。今後の発展が

期待される飯田市も，無理に背伸びをせずに，これまで培ってきた地方の良さを大切にしようとする姿勢がうかがえる。

　まさに身の丈に合った，多種多様なライフスタイルが享受できるような地域づくりを進めることが多くの都会人を引き寄せる最大の鍵であるようだ。中心的な担い手は市町村であり，コミュニティであり，そしてそこに住む人々である。これをインフラ整備や専門的な分野でのバックアップなど地味だが重要な黒子役に徹することが県には求められる。様々なステークホルダーが無理なくコラボすることで，持続可能な地域社会が保たれるのだ。

■参考文献─────────
飯田市歴史研究所編（2012）『飯田・上飯田の歴史　上巻』飯田市教育委員会。
飯田市歴史研究所編（2013）『飯田・上飯田の歴史　下巻』飯田市教育委員会。
飯田市（2016）「いいだ未来デザイン2028」
https://www.city.iida.lg.jp/uploaded/attachment/31012.pdf（最終閲覧日：2022年7月24日）。
飯田市（2019）「飯田・リニア駅前空間デザインノート」
https://www.city.iida.lg.jp/uploaded/attachment/42964.pdf（最終閲覧日：2022年7月22日）。
国土交通省「リニア中央新幹線の概要」
https://www.mlit.go.jp/common/001292355.pdf（最終閲覧日：2022年7月20日）。
宝島社（2022）『田舎暮らしの本』2月号。
田村秀（2003）『市長の履歴書─誰が市長に選ばれるのか─』ぎょうせい。
田村秀（2018）『地方都市の持続可能性─「東京ひとり勝ち」を超えて』ちくま新書。
田村秀（2022）『自治体と大学─少子化時代の生き残り策』ちくま新書。
藤城栄文「南箕輪移住区」https://minamiminowa.org（最終閲覧日：2022年7月30日）。
南箕輪村「移住定住促進サイト」https://minamiminowa.net/（最終閲覧日：2022年7月26日）。
南箕輪村誌編纂委員会編纂（1984）『南箕輪村誌　上巻』南箕輪村誌刊行委員会。
南箕輪村誌編纂委員会編纂（1985）『南箕輪村誌　下巻』南箕輪村誌刊行委員会。

ColumnⅣ

「ヨソ者」首長列伝

　知事や市区町村長といった自治体のトップであるいわゆる首長の存在は，地方分権の時代に再三クローズアップされる。国とは異なり，日本の地方自治制度は大統領制と同じ形態を取っているため，首長のリーダーシップが期待される反面，時にその「暴走」ぶりも問題視される。

　首長の大多数は地元出身ではあるが，時に「ヨソ者」が当選することもある。その代表格が元高知県知事の橋本大二郎氏で，NHKのキャスターを経て1991年に知事の座に就いた。

　藤城氏のように，いわゆるIターンの移住者で首長になったケースはごく稀だが，南箕輪村同様，社会増となっている御代田町の町長に2019年に就任した小園拓志氏も移住者だ。小園氏は北海道出身で，新聞社勤務などを経て2018年9月に家族で移住し，わずか5ヵ月後に町長選挙で初当選している。

　中川村前村長の曽我逸郎氏も，長崎県生まれの移住者で，電通勤務後，2005年に当選し3期務めている。長野県知事の阿部守一氏は東京都，長野市長の荻原健司氏は群馬県出身だ。「ヨソ者」の首長を輩出するという風土も移住者を呼び込む強みとなっているのかもしれない。

第5章

行政と民間の協働・共創によるイノベーション
——出島組織，塩尻市振興公社の活用

　人口減少社会に入り，地方自治体だけで質の高い行政サービスを提供し続けることは難しくなってきた。民間企業やNPO等の協力が必須となり，サービスの受け手である市民も協力し，質の高いサービスを一緒に創りあげる時代に入ってきているのである。しかし，高度成長期に有効に機能していた行政の官僚制に基づく制度や文化が，このような共創の推進に立ちはだかる障害となる。本章では，民間との協働・共創によるDXのプロジェクトを推進している塩尻市の事例を取り上げ，このような行政システムの障害を乗り越えプロジェクトを成功に導いてきた，その成功要因を組織改革という視点から整理してみた。

Key Words

DX，　官僚制，　地方創生，　組織改革，　共創，　よそ者，
オープンイノベーション

1 はじめに

　「誰からも喜ばれるスマート田園都市」を目指し，DX[1] を積極的に取り入れ

た地方創生プロジェクトを推進しており，全国から注目を浴びているまちが長野にある。松本盆地の南部に位置する人口約67,000人の塩尻市である。塩尻市は，松本市を中核とする中信地方にあり，地形は扇状地形で，東西約18km，南北約38km，面積290.18㎢の地域を有している。

　このまちのDXへの取組みは，民間企業との協働による地方創生プロジェクトから始まった。子育て女性等の就業支援としてのテレワーク事業である「KADO」にはじまり，起業家育成を主軸にしたイノベーション拠点「スナバ」事業へと続いていく。現在では，自動運転技術やAI活用型オンデマンドバス等の次世代モビリティ実証実験を開始し，地方の課題解決にDXを活用する事業まで取り組むようになっている。

　このようなDXを活用した新規事業を統括しているのが，塩尻市が100%出捐して設立した一般財団法人，塩尻市振興公社である。塩尻市振興公社は，市街地再開発ビル（ウイングロードビル）からイトーヨーカ堂が撤退するという危機に直面するなか，2009年に設立された。当時，塩尻市役所では，図書館機能を有した市民交流センターをウイングロードビルに隣接立地し，塩尻市の中心市街地の活性化を推進することが急務であった。これらの公共施設の管理運営を行政から引き継ぐだけでなく，これらの施設を活かし市街地に人が集う場を創出していく執行機能が塩尻市振興公社に求められたのである。

　さらに，2007年に設立されていたSIP（Shiojiri Incubation Plaza）では，IT関連の事業の推進支援等の実施にあたり，民間と協働で事業を推進できる組織運営が求められていた。民間との協働に求められるスピーディな意思決定や最善の解決策に追い求める試行錯誤を，行政組織のなかで実践するのは難しい。このような事業を推進するには，塩尻市役所の組織文化から外れて率先垂範できる組織が必要と考えられた。企業でいえば，親会社である行政の組織文化の影響を最小限に抑え，外部の多様な組織や人材と共創し，新規事業を推進するための子会社として塩尻市振興公社は位置づけられていたのである。

1） Digital Transformation（デジタル　トランスフォーメーション）の略称で，デジタル化によって，社会・ビジネス・ライフスタイル等を変革すること。

2 地方自治体が始めたテレワーク事業 KADO

　この塩尻市振興公社が経営している事業のなかで，試行錯誤をしながら成果を実現しているKADOの事業概要と事業経緯を見てみよう。

(1) KADOの事業概要

　KADOは，子育て女性等の就業支援を目的として塩尻市振興公社が始めたテレワーク事業である。塩尻市振興公社が，地域企業や自治体から在宅でできる仕事や案件を受注して，その仕事をKADOに登録している時短就労希望者に業務委託する形で就労支援を行っている（**図表５－１**）。塩尻市振興公社の

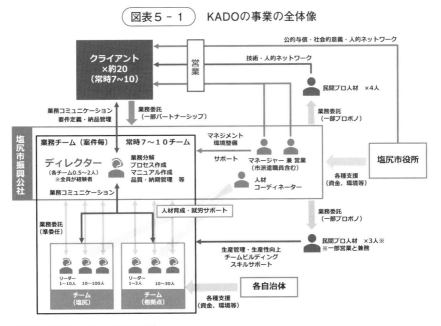

（図表５－１）　KADOの事業の全体像

（出所）塩尻市・塩尻市振興公社

図表5－2 塩尻市テレワークセンターと隣接施設

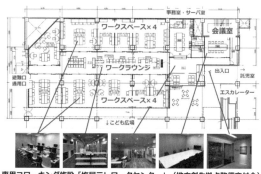

塩尻市こども広場（同フロア）

専用コワーキング施設「塩尻テレワークセンター」（地方創生拠点整備交付金）

複合施設「えんぱーく」（隣接）

（出所）塩尻市・塩尻市振興公社

　業務チームのディレクター達が，業務を分析し，時短就労が可能な形にするために，プロセスの細分化やマニュアルの作成を行うことでテレワーカーが分担して仕事をできるようにしているのである。塩尻市からは全体のマネジメントと営業を担当する出向職員がいるだけで，営業については民間のプロ人材やプロボノ[2]が活躍しており，受注した業務をテレワーカーに業務委託しているディレクターは，地元IT企業で勤めた経験のある人材に支えられている。

　KADOの仕事は，在宅で従事することができるだけでなく，市街地にあるウイングロードビル内の塩尻テレワークセンターでも従事できる。塩尻テレワークセンターでは，**図表5－2**で示すように，広いワークスペースやワークラウンジが確保されており，テレワークに必要な機器の提供や人材コーディネーターによる研修や支援も行われている。また，ウイングロードビルには，塩尻市が運営している「こども広場」や「子育て支援センター」があり，隣接の複合施設「えんぱーく」には，図書館，託児所のような公共施設が併設されている。塩尻テレワークセンターに来る子育て世代の人たちが，働きやすい環境づくりが提供されているのである。

2）　社会的・公共的な目的のために，職業上の専門知識を活かして取り組むボランティア活動。ラテン語の「公共善のために」を意味する「Pro Bono Publico」を語源とする。

（図表5-3）　他の行政区のテレワーク事業を拡大するための連携スキーム

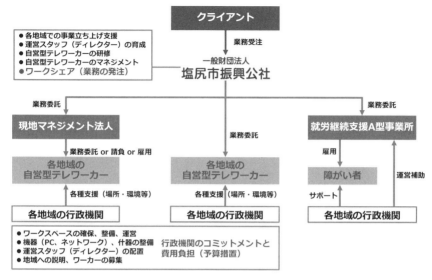

（出所）塩尻市・塩尻市振興公社

　クライアントからの需要拡大とともに，地方都市における新たな働き方として注目を集め，子育て支援策として顕在化してきた他の地方自治体からニーズに応えるため，KADOは塩尻市域外のテレワーカーも参加できる仕組みを構築している。行政機関の役割を明確にするとともに，塩尻市振興公社が直接地域のテレワーカーに業務委託するというスキームに加え，**図表5-3**に示したように，現地マネジメント法人や就労継続支援A型事業所[3] を介する連携スキームを構築することで，他地域でのニーズに対応したのだ。塩尻市振興公社が蓄積してきたノウハウを活用し，最適の連携スキームを構築することで，塩尻市という行政区を超えた活動を推進できるようにしているのである。

3）　就労継続支援A型は，一般就労の難しい障害や難病のある方が，雇用契約を結んだ上で一定の支援がある職場で働くことができる福祉サービス。

(2) KADOの事業経緯

KADOは，2010年に地域で時短でしか働けない人に向けた就労の機会をつくるため，厚生労働省の「ひとり親家庭等の在宅就業支援事業」として始められた。146名のひとり親家庭の方が研修を受講し，2年後約90名の方が研修を終了できた。そして，そのほとんどの方が複数のIT系資格を取得し，研修前よりもいい条件の仕事につくことができたのである。設立間もない塩尻市振興公社が，福祉分野で初めて取り組んだ事業としては，素晴らしい成果といえる。

この事業は2012年3月に終了したが，厚生労働省から得た3億2,000万の補助金で構築したインフラをベースに，市の施策として子育て中の女性へと対象を広げ，事業を継続することになった。塩尻市の限られた予算での運営を内閣府の「地方創生先行型交付金」，総務省の「ふるさとテレワーク推進のための地域実証事業」等の補助金でカバーしながら，テレワーク事業に係るノウハウの集積に努めている。ただ，2012年から2015年まではテレワーク事業として試行錯誤のなかで，受注拡大には結びついていない。市の予算や補助金頼みの事業では将来性がなく，職員のモチベーションは落ちる。この3年間は，KADOの冬の時代であった。

転機は，2016年に訪れた。企業へのヒアリング調査等，マーケティング活動を実施するなか，2016年に愛知県のメーカーからAIに関するデータ入力業務の依頼が来た。AIに関するデータ入力は，KADOにとっては未経験の業務であった。しかし，「働きたい誰もが働ける機会をつくる」というKADOのミッションに理解を示してくれ，メーカーが立ち上げ支援をしてくれたのである。このような支援もあり，スタッフ・リーダーが業務内容を分解・分析して，ワーカーに仕事を分配して，数ヵ月かけて業務をやり遂げることができた。

この受注を契機に，成長市場である分野のニーズをつかみ，そのニーズに求められるスキルを学びながら，事業の拡大を目指した。比較的低コストで高い品質のソフト開発ができることから，他の企業から業務依頼が増え，2014年度までは1,000万に満たなかった受注金額も2020年度には2億円までに増加して

いる（**図表5－4**）。このような受注拡大ができたのも，ひとり親在宅支援という事業目的を，現在では地域の「働きたいけど，働けない人すべて」を対象に広げ，塩尻市内だけでなく，県外の他の市町村のテレワーカーも参加する仕組みを構築できたからである。このように10年以上かけて進めてきた事業は，地域を超えて社会的に大きなインパクトを与え，民間企業や市民と共創を通じたイノベーションを実現しているのである。

図表5－4　KADOの受注の経緯

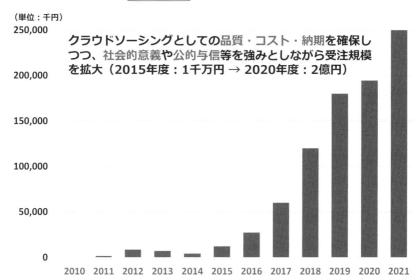

（単位：千円）

クラウドソーシングとしての品質・コスト・納期を確保しつつ、社会的意義や公的与信等を強みとしながら受注規模を拡大（2015年度：1千万円 → 2020年度：2億円）

（出所）塩尻市・塩尻市振興公社

3 地方自治体におけるイノベーションを妨げる要因

　塩尻市のように，社会の変化に対応して，民間企業と協働・共創を促進し，DXを活用したイノベーションを起こせる地方自治体は少ない。市場経済シス

テムとは対極にある行政では，外部の市場環境からの直接的な影響を受けにくく，社会環境の変化によって生じる公共的課題に受動的な対応をする組織だからである。特に情報化時代に入り，社会の変化のスピードが速く，行政と民間企業との格差は開くばかりである。

　企業でも社会変化に対応して組織を変革するのは難しい。新しい挑戦をしようとするとき，組織の旧来の慣行が障害として立ちふさがるからである。行政組織には，戦後の高度成長期の成功を支えてきた旧来の官僚制に基づくガバナンス体制，計画行政，マネジメントサイクルが職員の思考回路を作り，それが変革の大きな障害となる。塩尻市におけるイノベーションの成功要因を理解するために，これらの旧来の慣行を概説しておきたい。

(1) 官僚制というガバナンス体制——統制型で内発的動機を重視しない仕組み

　明治維新以来，日本は中央集権型の官僚制に基づいて統治されてきた。官僚制が目指したのは，1つの目的達成に向けて，長期的に安定したサービスが提供できる効率的な組織の実現である。利害に惑わされることなく，遵守すべき規則や手順に基づき，命令の一元化が貫徹されたヒエラルキー構造のなかの役割や地位に応じて，分与された仕事を執行していく。官僚制は，戦後の高度成長期の画一的な社会インフラの構築と福祉国家の実現に，その効率性を発揮してきた。

　しかし，行政職員として規律を遵守することを過剰に叩きこまれた結果，合理的政策実行のための「手段」であった規則の遵守そのものが目的化してしまい，規則を守ることが「目的」となってしまう。その規律が何のためにできたか，その目的を考えないが故に，規律を遵守することが仕事になってしまうのである。官僚制を理論化したマックス・ウェーバー（M. Weber）は，効率を追求した官僚制というシステムのなかで，そのシステムが「鉄の檻」となり，職員が非人間化され，没主観的な専門家になってしまうことを予想していた。理想的な官僚制の特徴そのものに，変革への抵抗となる病理が内在されている

のである。

(2)　計画行政という戦略思考——計画を重視し，現場の知恵を活かせない思考

　戦後日本の復興を支えてきた官僚制のなかで活用されたのが行政計画で，データ収集と分析によって事前に戦略を策定できると考える戦略思考である。計画行政は，策定された計画は正しく，その計画どおり執行しなければならないという職員の思考回路をつくりあげてきた。計画行政は，将来の予測が可能で右肩上がりの安定した成長期にはうまく機能した。人口増加や税収増加が見込める右肩上がりの高度成長期は，今日よりも良くなる明日を信じ，夢のある計画を立てられた。地域の基礎的ニーズは明らかであり，市民が合意できる計画の策定は，難しくはなかった。そうした状況のなか，全国画一的な政策を推し進めるには計画行政がうまく機能したのである。

　しかし，「戦略計画学派」が中心の「規範的戦略」には，多くの限界がある（ミンツバーグ，2007）。事前の分析で，現場の全てのデータが戦略計画に採用されているわけではない。計画時点で想定した状況は変化するので，立案した戦略が機能しないかもしれない。また，立案された戦略も，現場で執行すると想定と違った反応が起こる可能性もある。その際，状況に応じて対応できる，現場における裁量も必要になる。行政計画にはこのような課題があるにも関わらず，計画どおりに執行することが目的となり，現場における実践のなかで得られる知恵を活かせなくなってしまうのである。

(3)　予算制度——資源の配分が重視され，成果を軽視する制度

　公会計における単年度予算制度下では，年初に1年間の当初予算，4半期毎に当初予算に対する補正予算が策定され，それぞれ議会での承認を経て，行政活動が可能になる。そして一旦承認されれば，予算を獲得した事業を計画どおり執行することが仕事になり，予算によって執行された活動が，目的とする成

果の実現に結びついているのかどうかについての評価がほとんどできていないのである。この問題解決のために，事後的な評価（Check）を強化し，PDCAを回すことを目的に事務事業評価が導入されてきた。しかし，官僚組織においては，この評価という手段が目的化してしまい，本来の目的であるはずの成果の実現が疎かになってしまう。官僚制の問題がここでも発生するのである。

　PDCAサイクルにおける行政と民間の関心事の違いを**図表5-5**に示した。行政においては適正な予算配分を事前に査定し，議会の承認を得る事前統制が主であるのに対して，民間企業は成果を評価することで効果的な戦略にしていこうとする事後統制が主となる。議会が予算配分の審議を通じて行政機関を統制するのに対して，企業においては株主からは業績向上を求められるからである。地方自治体では，予算を司る財政部門が権力を持ち，事業を司る担当部局を統制する。予算編成・承認に多くの時間がとられるなかで，手段であった予算獲得が目的となり，予算の目的である成果の実現を追求することは後回しとなる。行政機関においては，予算（お金）がないと仕事ができないという資

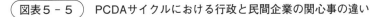

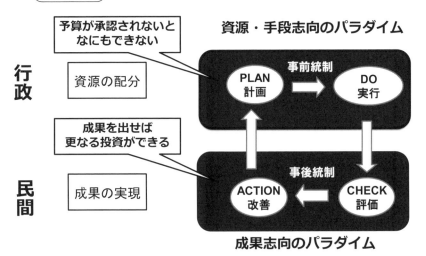

図表5-5　PCDAサイクルにおける行政と民間企業の関心事の違い

（出所）筆者作成

源・手段志向の行動様式が形成されていくのである。

4 塩尻市でのイノベーションの成功要因
——変革の推進力

　このような旧来の思考回路が根強く残る行政組織のなかで，どのようにして塩尻市はKADOの事業のような協働・共創によるイノベーションを可能にしたのであろうか。塩尻市役所の米窪健一朗副市長，KADOを立ち上げた太田幸一室長，スナバの担当の三枝大祐氏にインタビューを実施し，このイノベーションを実現した成功要因を調査した。その成功要因を，変革動機，変革能力，変革状況という3つの変革の推進力という観点から整理をしてみよう（田中，1994：401頁）。

(1)　変革動機——塩尻市がおかれた変革の必要性

　変革の実践には，変革を推進する不退転の強い動機が求められる。強固な動機は，変革の過程で直面する抵抗に対する反発力となる。米窪は，将来塩尻はなくなってしまうという強い危機感が塩尻市にはあるという。塩尻市は地理的に中信地方の南部にあり，医療や教育等は中核都市である松本市に支えられて成り立っているからだ。全国的に人口減少が進んでいくなか，塩尻市は松本と合併されても不自然ではない。「このまま合併されてしまうと松本の南の端っこになってしまうかもしれない。そして塩尻市民は何のアイデンティティもなくて，自分の住むところはどこでもいいということになる。つまり，コミュニティが崩れてしまい，しっかり自立して自分の足で立とうという気概がなくなってしまう。遠い将来は合併するかもしれないが，その前にしっかりしたコミュニティを築いておきたい」と米窪はその危機感を表現した。

　製造業は塩尻市の経済に大きな影響を与える。総務省・経済産業省『平成28年経済センサス』では，製造業は，事業者数382，事業従業員数11,345人で，

塩尻最大の産業である。米窪は，商工課に配属されたとき，これらの工場を訪問し，現場に行って事業の状況を把握することを日課としていた。塩尻市の経済を支える中小企業が倒産してしまえば，塩尻市の将来はない。一軒一軒回りながら，中小企業の社長と本音で対話を続けるなか，中小企業の持つ危機感も共有できるようになる。「企業でいえば，塩尻市は中小企業。松本市のような大企業と互角に戦うのは難しい。それなら松本市より，1歩先，2歩先を目指し，スピード感を持って社会の変化に対応していく必要がある。我々は小さいから失敗したら取り戻せる。だから，新しいことに挑戦しているのです」と米窪は，塩尻市を中小企業として位置づけ，その危機感を職員は共有しているのである。

(2) 変革能力 —— 共創できる人材の育成・登用とよそ者の活用

　KADOの事業のような協働・共創によるイノベーションを可能にする能力は，どのようにして育成されたのであろうか。KADOを立ち上げた太田にインタビューをするなかで，太田が入庁後民間事業の現場のなかに入り，彼らと共創して新しい価値を創造する仕事をしていたことがわかった。そして職場には，セクショナリズムを乗り越え，セクション横断でプロジェクトを推進する山田崇という存在があり，そのなかで育成されたセクションを超えた仲間たちがいた。さらに，民間企業と様々な共創をするなかで，塩尻市の活動によそ者が引き付けられ，当事者のひとりとして活動していく。パーパスを明確にし，志を共にした仲間が，それぞれの現場の知恵を活かし，新しい価値を創造する。市役所の旧来の思考回路を変革していく能力が養われていくのである。

A　現場体験を通じた共創人材の育成　～太田が体験してきたこと～

　入庁して水道事業の財務を2年担当した後，太田は商工課に配属となり，上司の指示で200社の中小企業を一軒一軒訪問したという。現場を訪問し，本音で現場の課題を議論する関係を民間人と構築していくと，何か問題があるとす

ぐに話をできる関係ができる。このような職場で鍛えられることで、策定された計画の遂行だけではなく、現場の実態に即して計画を変更していくという発想も生まれるようになる。商工課での現場体験が公務員としての仕事観を変えたのである。

　2005年に、太田は関東経済産業局に出向している。出向したら4月からテーマを与えられ、そのテーマに関する企画を書くことになった。急いで企画書を上司に提出したら、目の前で真っ赤に修正されて投げ捨てられた。まったくスピード感が違うのだ。地方局なので、現地調査も東京の起業家たちが集まるオフィスを訪問する機会等もある。現場のスピード感も塩尻とは全く違うことを肌感覚で感じることができた。そんな毎日が3ヵ月続いたが、そのあとは完全に仕事を任せてくれるようになった。たった1年の出向であったが、太田は関東経済産業局で特訓を受けて、ピカピカになって塩尻に戻った。地方という現場を持つ国の政策形成の場を体験し、そのスピード感を学ぶことができただけでなく、国から補助金を得るには何が必要かも学べたのである。

　太田は、帰任後SIP立ち上げを担当し、2007年にSIPはスタートした。SIPはインキュベーション施設を活用して、組込みシステムの新たな産業集積をすることが目的であった。SIPのマネージャーには企業の社長経験のある人物が採用され、太田は、この社長に仕えることになった。単独の中小企業では難しかった組込みソフトを、入居企業と域内のICT中小企業が連携して受注できる仕組みを構築するプロジェクトであった。中小企業とどのように付き合い、どのように事業を組織化していくのか、トップマネジメントの視点から学ぶ機会が与えられた。この間に、太田らは毎週500円を参加者から集めてピザを頼み、特産のワインを飲みながら、課題を共有したり、未来を語るという懇親会を企画運営している。民間企業の人たちと同じ目的に向かい、対話を通じて新しい価値を創造することを学ぶのである。

　そういうなか、厚生労働省が「ひとり親家庭等の在宅就業支援事業」という制度を公募していたが、どこの自治体からも手があがらないので、塩尻市で応募できないかという打診があった。福祉の分野の担当部局の関心は薄く、事業

がうまく立ち上がらなかったときのリスクもあり，反対者も多かった。しかし，総額3億2,000万の事業費は国が100％負担するので，地元にお金が回る。そのうえ，ひとり親家庭の在宅就労の助けになることができる。失敗しても学ぶことがあると腹を括ると，当時太田が出向していた塩尻市振興公社のトップであった米窪の承認も得て，事業は塩尻市振興公社で対応することになった。2年後約90名の方が研修を修了され，今までよりいい条件で就職ができた。太田が一番嬉しかったのは，お母さんたちが18ヵ月間のIT研修をやりきり資格を取得したことで，子どもに自信を持って接することができるようになったということであった。行政の支援が，市民が新たな一歩を踏み出す力になる。このときの成功体験が，太田が難しい仕事に臨み，その仕事をやり遂げる原動力となっているのである。

B　多様な人材との共創による組織学習　～山田が推進したもの～

　塩尻市役所には，職員だけではなく，民間人や市民が集まり，学び合える場が生まれている。そんな場を創造し，育成してきたのが山田であった。山田は，『日本一おかしな公務員』という本を出版するくらい，飛んでる公務員だ。彼も，「えんぱーく」やKADOの立ち上げに携わり，若手を中心とした他部門で構成されるプロジェクトチームで仕事をした。官僚制が引き起こすセクショナリズムを乗り越え，タスクフォース型の横軸でつなげていく仕事を学び，彼は市役所の若手職員が自主的に参加できる意見交換会「しおラボ」を立ち上げている。様々な課から職員が集い，自由でオープンに対話し，最後にこれから実行したいことを宣言する会である。

　2016年には，MICHIKARAという民間企業を巻き込んだ共創人材育成プログラムを山田は立ち上げた。民間企業の若手リーダー人材が塩尻市の課題解決に短期で取り組むプログラムである。なかなか解けない課題に短期で挑むこと，塩尻市職員と協働チームを組むこと，リアルに考え抜き，実現できる施策を求めること等が特徴である。施策そのものより，政策形成プロセスを官民連携で共有することで，行政職員が対話を通じて民間人と協働する能力を開発するこ

とが主目的であった。企業は，ソフトバンクやリクルートの若手社員が中心であった1期から，日本たばこや日本郵船等の大手企業が加わり，5期からはベンチャー企業も加わった。官民の若手が一緒になり，具体的なテーマに関する解決策を政策として，市長に提案するのである。4年間，6期のプログラムを2020年に終了した。

太田は，このような場を通じて，庁内に志を共有できる仲間ができ，議論したいことがあれば，組織を超えて課題を議論する庁内のネットワークがあるという。そして，集まった仲間は，それぞれ課題解決に必要な解決策を提案できる可能性のある人材と庁外のネットワークを持っているのである。

C　よそ者が集うオープンイノベーションの場の創出

山田はシティプロモーション担当として，塩尻市の魅力を語るために塩尻市での視察受け入れや他地域でも講演をしていた。そしてそこで出会った人たちがまた塩尻にやってきて，ネットワークがつくられていく。

塩尻市でスナバ担当をしている三枝もそんなネットワークのなかで山田と知り合っている。大学卒業後AGCに入社して3〜4年経ったころから，このまま企業で勤め続けていいのかと疑問を持つようになった。「もっと森林とか自然に近い地域で暮らすことに興味があり，その延長線上にある仕事をしたい」と考えだしたころ，名古屋や広島に講演に来ていた山田と会い，飲み会で議論するなかで，塩尻に興味を持った。AGCで5年仕事をしたあと，新規職員採用枠で2017年4月に塩尻市役所に入庁し，立ち上げからスナバの事業にかかわっている。そのスナバでは，地域おこし協力隊[4]として入った，ユニークな経歴を持つよそ者達も加わり，社会課題解決のために集まった若者たちと一緒にシビック（＝市民）・イノベーションの創出が始まっている。

地域おこし協力隊として，副業で塩尻商工会議所に入り，新たなよそ者の活

---

4)　都市地域から過疎地域等の条件不利地域に住民票を異動し，地域ブランドや地場産品の開発・販売・PR等の地域おこし支援や，農林水産業への従事，住民支援などの「地域協力活動」を行う隊員。

用策を推進している人物もいる。塩尻市で副業限定のCxO（Chief x Officer）を募集する「MEGURUプロジェクト」を立ち上げた横山暁一である。自ら副業で塩尻市を支援するなか，塩尻市の地域課題解決に，都会のプロフェッショナル人材を副業で活用しようとする試みである。このように，多様な外部のよそ者がオープンイノベーションの場を提供する塩尻市の磁力に引き付けられ，組織という枠を超えて集い，地域の課題解決に取り組み始めているのである。

(3)　変革状況——有利な変革状況

　有利な変革状況とは，改革ムードの盛り上がりや空気づくりが熟成し，絶好のタイミングやチャンスに恵まれた状況を意味している（田中，1994：402頁）。変革動機や変革能力があったとしても，変革状況に恵まれないと変革は進まないことが多い。変革には後押しする環境が必要なのである。塩尻市の事例では，安定したトップマネジメントの存在と地方分権の流れに沿った国の支援が，この有利な変革状況と認識できる。

A　変革を支援する安定政権

　小口利幸市長は，2002年より5期20年の長期にわたり塩尻市の首長をしてきた。民間企業エプソン出身で，民間感覚でスピード感のある政策立案と実践を求める。議会で反対されても動じず，むしろ議論をすることが重要と考えている。政策が失敗したときは，失敗を認め素直に謝ることができる。無難に市長としての役割を担うタイプの首長ではない。市長室からトップダウンで指示を出すタイプではなく，自分で職場を回り，職員の動きを見ながら，適材適所に人材を登用し，ボトムアップで仕事を進める。小口が3期目に入るときに，副市長に登用したのが米窪であった。前述したように，米窪は現場を良く知っており，危機感を持って塩尻市の変革を推進してきた。塩尻市振興公社という子会社を設立し，自ら社長となり，新しい挑戦を始めた。そんな矢先に，米窪に白羽の矢が立ったのだ。

　国や県の執行機関である基礎自治体では，官僚的にやらなければならない仕

事もまだたくさんある。庁内に抵抗勢力が生まれ，リスクを説かれ，なかなか進められないこともある。しかし，市長が5期・副市長が3期と安定した長期政権が存続したからこそ，官僚的仕事とのバランスも見据えながら，変革を確実に進めることができたのである。

B　地方分権の流れ

　地方分権の流れを受けて，国が決めたメニューに地方が合わせることで補助金が出るという従来の方式から，地方から国にいい提案を出すことができれば，地方の提案に合わせて補助金を出すパターンが多くなってきた。自主的に考え，いい提案ができる地方自治体でなければ，国とのネットワークもできないし，補助金も得ることは難しくなってきている。

　KADOの成功には，このような国の補助金を確保することで，塩尻市の予算を最低限に抑えながら，新しい挑戦ができたという背景がある。このような補助金の確保には，太田のように関東経済産業局に出向した経験を持つ職員が力を発揮する。塩尻市では，太田のあとにも，優秀な職員を関東経済産業局等国の機関に出向させており，彼らは帰任後いろいろな分野で塩尻市の変革に力を注いでいるのである。

　国の地方分権の流れに沿って，地方自治体で自主的に考え，変革能力を持った人材育成・登用されたことが塩尻市におけるイノベーションを成功に導いているのだ。

5 組織変革プロセス
——変革の推進力がいかに機能したのか

　組織変革には，「解凍―移行―再凍結」という3段階の社員の意識改革を促進する代表的なモデルがある（Lewin, 1951）。「解凍」は，従来の行動パターンや価値観が望ましくなく，変革が必要であることを社員に認識させる段階で

ある。次の「移行」は，新たに習得が求められる行動パターンや価値観を身に付けさせる段階であり，最後の「再凍結」は，新たな行動パターンや価値観を定着させる段階である。過去に大きな成功を長期に体験している同質の組織においては，特にこの組織変革が難しい。加護野は，この困難な変革をパラダイム転換と呼び，モデル化している（加護野，1988：220-221頁）。このモデル化した変革パラダイム転換の理論を援用して，最後に塩尻市の組織の変革プロセスを整理しておきたい。

パラダイム転換の第1段階の「解凍」は，変化の土壌づくりである。小口市長・米窪副市長のトップによる「ゆさぶり」が生み出す危機感が，組織変革の心理的エネルギーの重要な供給源になっている。

第2の「移行」の段階は，塩尻市振興公社を活用した突出集団の発掘と育成である。集団の創造的な突出を促進するための5つの条件があげられている。①社内の雑音からの隔離，②集団内に十分な異質性を取り込むこと，③集団の規模を，少なくとも初期の段階では小さくしておくこと，④きわめて挑戦的な目標と明確な納期の設定，並びに，⑤予算，庶務手続き等の組織的障害の排除である（加護野，1988：p.220-221）。塩尻市振興公社は，これらの5つの条件を満たし，組織変革の「移行」機能を果たしているのである。

最後の「再凍結」の段階は，パラダイムの伝搬と定着化である。「MICHIKARA」や「MEGURU」プロジェクトは，新しいパラダイムの伝搬を庁内にもたらしている。そして，山田や太田と一緒に変革に取り組んできた北野幸徳が人事課に配属となり，時代にそぐわなくなってきた人事政策を見直し，新たな人材育成・活用基本方針を作り，パラダイムの定着化を進めている。その1つが職員の副業を促進することである。職員の副業が可能になれば，地場産業の担い手不足の解消や地域活性化に貢献するだけでなく，職員が現場の暗黙知を学ぶことで企業や市民との共創人材が育つ。

塩尻市は，市長・副市長の長期政権のなかで，「解凍—移行—再凍結」という組織改革プロセスを歩んでこられた。この長期政権は2022年9月に終わり，52歳の若い百瀬敬新市長が誕生した。塩尻市のさらなる躍進を期待したい。

■参考文献━━━━━━━

加護野忠男（1988）『組織認識論─企業における創造と革新の研究』千倉書房。

塩尻市振興公社ホームページhttps://kousha.shiojiri.com（最終閲覧日：2022年8月19日）。

塩尻市の地域経済分析について　日本商工会議所　地域振興部（2020年9月）。

https://www.shiojiri.or.jp/wp-content/uploads/2021/04/c9b033950249e31c09f8c136f81795be.
　pdf（最終閲覧日：2023年1月30日）

時短就労者を対象とした自営型テレワーク推進事業～KADO（カドー）について（2021.11）

https://www.city.shiojiri.lg.jp/uploaded/attachment/15626.pdf（最終閲覧日：2023年1月30
　日）

田中豊治（1994）『地方行政官僚制における組織変革の社会学的研究』時潮社。

ヘンリー・ミンツバーク著・DIAMONDハーバード・ビジネスレビュー編集部編（2007）
　『H.ミンツバーグ経営論』ダイヤモンド社。

真野毅（2016）「多様なアクターとの協働によるガバナンス体制の構築」京都産業大学，博
　士論文。

山田崇（2019）『日本一おかしな公務員』日本経済新聞出版。

Lewin, K（1951）*Field theory in social science*. New York, Harper and Row.

Column V

地域おこし協力隊

　塩尻市のスナバ等で活躍している「地域おこし協力隊」は，過疎や高齢化の進行が著しい地方において，都市部の人材を積極的に受け入れ，地域協力活動を行ってもらい，その定住・定着を図ることで，地域力の維持・強化を図っていくことを目的に，2009年に総務省によって制度化された。自治体が隊員の募集を行い，選抜された隊員を地域おこし協力隊員として委嘱すると，国が受入れ自治体に，隊員の活動経費，480万円/一人を上限に財政支援をするという仕組みである。

　2009年度は日本全体で受入れ自治体が31団体，隊員数が89人であったが，毎年増加し，2021年度には1,085団体，6,015人まで増加している。隊員の約7割が20歳代〜30歳代の若者で，約4割が女性である。1〜3年の任期終了後，おおよそ65％が地域に定住しており，人口減少が進む地域振興の若い担い手確保に有効な手段になってきている。

　都会の大企業に就業し，いろいろな分野で経験を積んだ隊員も増えており，よそ者として地域に入り，新しい視点から地域を変革していく人材として期待されている。長野県立大学大学院ソーシャル・イノベーション研究科には，地域おこし協力隊員と地域おこし協力隊員修了者1期生として入学しており，それぞれ上田市，上松町において新規事業の構想・実践を進めている。

第 6 章

山岳リゾート・オールシーズン化へのイノベーション[1)]
——白馬村の事例を中心にして

　本章では，白馬村の山岳リゾート・オールシーズン化の成功要因を歴史的な背景も踏まえながら考察する。スノーリゾートを抱える自治体が，スキー・スノーボード客の減少に喘いでいる中，白馬村がどのようにしてそれを食い止め，また，いかにしてグリーンシーズンの一般観光旅行客数を増加させたのかをデータを用いながら分析する。

Key Words

オールシーズン化，　民宿，　白馬村観光局，　白馬マイスター制度，プロモーション，　白馬村観光地経営計画，　PDCAサイクル，DMO，　補助金の活用

1）　イノベーションとは，通常革新や刷新，新考案，新制度，新機軸を意味し，新たな技術や考え方，仕組みなどを取り入れて，革新的な価値を生み出すことをいうが，地域再生・地方創生におけるイノベーションでは，当該地域の自然や歴史遺産，文化，風土，産業，特産品などの資源を活かして，新たな価値を創造し，地域の活性化をもたらす画期的な変革と定義している。

1 はじめに

　レジャー白書（各年）によると，新型コロナウイルス感染症の影響を受ける前の2019年のわが国のスキー・スノーボードの参加人口は510万人（スキー350万人・スノーボード160万人）と，最盛期だった1998年の1,800万人（スキー1,400万人・スノーボード400万人[2]）の28.3％にまで減少している。また，2020年4月28日付の観光庁の「『スノーリゾートの投資環境整備に関する検討会』の報告書」によれば，「スキーヤー・スノーボーダーがワンシーズンに平均何回スキー場に足を運ぶかを示す『平均参加回数』は，1990年代は約6回であったのに対し近年は約4回と2/3となっている[3]」という。これに伴ってスキー・スノーボードにかける年間平均費用も減少している。

　これらの減少の要因としては，バブル経済の崩壊やデフレによる可処分所得の低迷，レジャーの多様化，施設の老朽化に伴う魅力の低下，道具の持ち運びの煩雑さ，若者の車離れ，温暖化による稼働不可なスキー場の存在等が挙げられる。

　スキー場やスノーリゾートを抱える自治体の多くは，ウインターシーズンの観光業が主たる産業となっているため，スキー・スノーボード客の減少が自治体の衰退に直結しているケースが少なくない。近年は一部のスノーリゾートや自治体が，パウダースノーといった雪質に加え，温泉や日本食等のわが国の文化，アクセスの良さ等を海外にPRすることにより，オーストラリアやニュージーランド，イギリス，アメリカ，カナダ，中国，香港，台湾，タイなどの国々からの外国人スキーヤーやスノーボーダーの受け入れ[4]，すなわち，インバウンドの獲得に成功しているが，入込客数が最盛期の数にまで回復したニセ

2）　スキーの参加人口の最盛期は1993年で1,770万人であった。スノーボードの参加人口のカウントは1997年からであり，最盛期は2002年で540万人であった。日本生産性本部編（各年）各頁。
3）　観光庁（2020）1頁。

コ地域（北海道倶知安町・ニセコ町）等の一部を除いて[5]，効果は限定的である。ウインターシーズンだけの取組みにはやはり限界がある。1年を通じた安定した産業とするために，また，施設の稼働率を上げ，新規投資を可能にするためにも，スノーリゾートからマウンテンリゾートへの転換，すなわちグリーンシーズンを含めたオールシーズン化に向けての取組みの強化が不可欠である。

　このオールシーズン化に早くから取り組み，成果をあげた自治体がある。それが長野県の白馬村である。これから白馬村の社会経済状況とオールシーズン化に向けた取組み，そしてその成功要因について見ていくことにする。

白馬村の社会経済状況

　白馬村は，1956（昭和31）年9月30日に神城村と北城村が合併して誕生した長野県の北西部にある，白馬岳（標高2,932m），杓子岳（標高2,812m），白馬鑓ヶ岳（標高2,903m）をはじめとした北アルプス白馬連峰の魅力的な山岳に抱かれた人口8,414人（住民基本台帳2022年9月1日現在）の村である。村の全体の90％が森林や原野で，耕地は中心部のわずか6％程度となっている。

　現在村内には，白馬八方尾根スキー場，白馬五竜スキー場，Hakuba47，白馬岩岳スノーフィールド，白馬さのさかスキー場の5つのスキー場の他，白馬ジャンプ競技場，白馬クロスカントリー競技場などがあり，1998年の長野オリンピック冬季競技大会のアルペン滑降，スーパー大回転，ジャンプ，クロスカントリー，ノルディック複合が開催された場所として知られている。その他にも村内には，白馬八方温泉，岩岳の湯，白馬塩の道温泉，白馬かたくり温泉，

4）「アジアには四季が明確でない国，雪が降らない国が多く，欧米豪にはリゾート滞在が生活の中に組み込まれている国が多い」からである。それ以外にも2001年9月11日の「アメリカ同時多発テロ事件」による北米離れ，円安もインバウンド増加の一因であったといえよう。観光庁（2020）1頁。

5）　呉羽（2017）104頁。

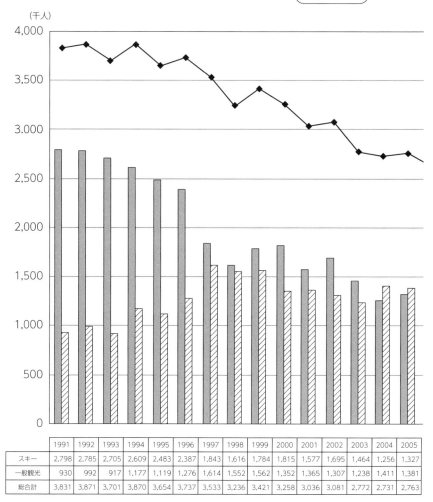

	1991	1992	1993	1994	1995	1996	1997	1998	1999	2000	2001	2002	2003	2004	2005
スキー	2,798	2,785	2,705	2,609	2,483	2,387	1,843	1,616	1,784	1,815	1,577	1,695	1,464	1,256	1,327
一般観光	930	992	917	1,177	1,119	1,276	1,614	1,552	1,562	1,352	1,365	1,307	1,238	1,411	1,381
総合計	3,831	3,871	3,701	3,870	3,654	3,737	3,533	3,236	3,421	3,258	3,036	3,081	2,772	2,731	2,763

注）1．総合計には，スキー（スノーボード含む），一般観光（旅行）の他，登山や学生村
　　2．1,000人未満は四捨五入している。
　　3．2020年，2021年の減少は，新型コロナウイルス感染症の影響によるものである。
（出所）白馬村観光課（各年）「目的別観光客推計」（白馬村観光課提供資料）

目的別観光客推計の推移

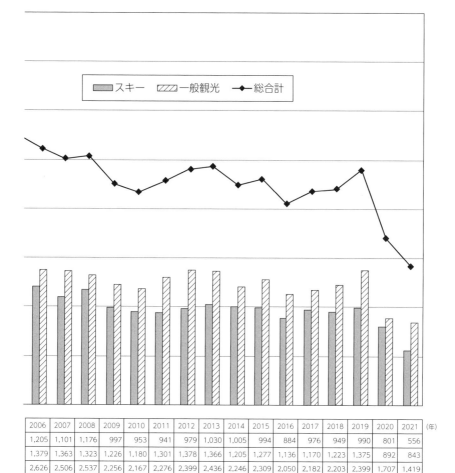

	2006	2007	2008	2009	2010	2011	2012	2013	2014	2015	2016	2017	2018	2019	2020	2021	(年)
	1,205	1,101	1,176	997	953	941	979	1,030	1,005	994	884	976	949	990	801	556	
	1,379	1,363	1,323	1,226	1,180	1,301	1,378	1,366	1,205	1,277	1,136	1,170	1,223	1,375	892	843	
	2,626	2,506	2,537	2,256	2,167	2,276	2,399	2,436	2,246	2,309	2,050	2,182	2,203	2,399	1,707	1,419	

（1991年〜1994年のみ）が含まれる。

白馬みずばしょう温泉，白馬姫川温泉の6つの温泉地がある。

　白馬村は，これまで白馬岳登山，山小屋運営，スキーの普及とスキー場開発，交通機関の整備，民宿の開業，温泉の発掘などの観光開発への取組みと冬季オリンピックの開催などにより発展してきた。そのため村の主たる産業は，観光業となっている。

　2016年の総務省「経済センサス－基礎調査」再編加工及び総務省・経済産業省「経済センサス－活動調査」再編加工で，まず観光業に該当する「宿泊業」，「飲食業」，スキー場のゴンドラリフトやリフトの運営などの「鉄道業（索道）」の3業の売上高と従業者数について見ると，白馬村全体に占める割合は，それぞれ44.9％，51.5％と半数前後を占めていることがわかる。次に割合が高いのが，除雪作業が主たる業務となっている「総合工事業」で，売上高と従業者数の白馬村全体に占める割合は，それぞれ15.3％，5.2％となっている。

　一方，中山間地域で通常高い割合を占める「農業・林業」の売上高と従事者数の白馬村全体に占める割合は，それぞれ0.7％，1.5％とわずかに過ぎない。このように白馬村の産業を見ると，観光業が村をいかに支えているかが実感できる。

　ここで，白馬村観光課が算出した「白馬村の目的別観光客推計の推移」（**図表6－1**）を見てみよう。白馬村のスキー（スノーボード含む）客数は，他の自治体のスキー客数と同様に1991年の297万8,000人をピークに2011年の94万1,039人まで減少を続ける。異なるのは2012年以降で，他が減少を続ける中，白馬村のスキー客数はここから持ち直し，それ以降も概ね100万人前後で推移しているところである。2020年と2021年については，新型コロナウイルス感染症の影響で，例に漏れず大きく減少した。

　一方で，一般観光旅行客数は，1993年まで100万人に満たない数で推移していたが，1994年以降オリンピックが行われる1998年2月まで増加し，その後2003年まで減少傾向となる。2004年以降再び増加し，「リーマンショック」の影響があった2009年，2010年を除き，130万人前後を維持するが，その際，一般観光旅行客数がスキー客数を逆転し，その後は常に上回る状況で現在に至る。

一般観光旅行客数については，2014年11月の「長野県神城断層地震」の影響を受け2014年から2016年にかけて減少するが，2017年から再び増加に転じる。2020年と2021年については，スキー客と同様の理由で大きく減少した。

　観光客数全体については，2007年から新型コロナウイルス感染症の影響を受ける前の2019年までは，スキー客の維持と一般観光旅行客数の増減により，概ね200万人から250万人で推移している。総務省「市町村別決算状況調」で2007年度から2020年度までの白馬村の個人村民税の推移を見ると，住民基本台帳人口が9,231人から8,655人へと6.2％減少する中で，2億7,858万4,000円から3億6,381万8,000円へと30.6％も増加していることがわかる。民宿や旅館，飲食店などの個人事業主の所得が増加したことによるものである。滞在日数（宿泊数）の増加とそれに伴う消費額の増加が，大きく貢献しているといえよう。新型コロナウイルス感染症の影響がある中で2020年度まで個人村民税が増加しているのは，その大半を占める所得割が前年度の所得に対して課税され，1年遅れでその影響が表れるためである。

 ## 白馬村観光業の沿革

　現在の白馬村の主たる産業は観光業であるが，その歴史は明治時代にまで遡る。1890年代（明治中期）に白馬岳が高山植物の宝庫だということで広く知られ，1900年代に学術登山から大衆登山までできるように開拓がなされるようになってからである。その重要な拠点となったのが，1907（明治40）年に地元細野（現在の八方地区）の住民らによって建てられた宿泊も可能な白馬岳山頂の山小屋であった。

　1913（大正2）年になるとスキーが普及し始め，1924年には講習会も開催されるようになった。1928（昭和3）年以降，各地に村営のスキー小屋が建設され，山岳スキーが盛んとなった。1932年からはスキー大会が頻繁に開催される

ようになり，それに合わせて住民たちがスキー場の開発[6] を行うようになった。

　鉄道については，信濃鉄道会社が1915（大正５）年７月に大糸線の松本と大町間を結ぶ区間を開通させたのを皮切りに，1929（昭和４）年９月には日本国有鉄道により大糸線の大町以北の簗場駅まで，翌年には神城駅まで延長され，1932年11月には更に信濃森上駅まで敷設された。鉄道で登山客やスキー客が村を訪れるようになり，外来客が急増し，村は賑わいをみせるようになった。

　登山客が山岳ガイドの家に泊まることが多くなり，1937年に細野において民宿が成立した（**Column**参照）。更に1940年には，当時の役場（北城村）と旅館，青年団，山岳関係者によって「白馬観光協会」が設立（**図表６－２**参照）され，関係者が提携して観光事業と山岳の開発保護に取り組むことになった。観光業は盛んになったが，戦争により深刻なダメージを受けることとなった。

　敗戦となり，国民生活は困窮したが，その中で登山やスキーはいち早く復活した。1956年に白馬村が誕生したことを受けて，白馬村は「観光立村」を提唱し，観光業を重点施策と位置づけた。1957年，国鉄大糸線が全通し，新潟県や富山県からのアクセスが良くなった。1958年11月には，村長が代表で役場が事務局を務める「白馬村観光連盟」が発足し，役場だけでなく，山小屋経営者，旅館業者，交通業者，商工業者，案内人組合，飲食業者など全村的な組織として観光資源の開発や観光客誘致に取り組むこととなった（**図表６－２**参照）。

　同年12月には，地元の熱意に同感した東京急行電鉄により，八方尾根に東洋一の空中ケーブルが架けられ，運行を開始した。その後，スキー場開発は，五竜とおみや佐野坂，嶺方，牧寄，内山，東部など全地域で実施されたため，スキー客は著しく増加し，それに伴って各地域に民宿が増えた。

　「昭和35（1960）年の民宿や旅館は，295戸，収容人数１万3,440人になった。30年代後半になると，茅ぶきの家の建て直し，新築や大型化が目立ち，建築ブームとなった[7]。」。

6）「当時のスキー場は，滑降に適当な地形を求めて，立ち木を払うにすぎなかった。」石井（1977）6頁。

7）「白馬の歩み」編纂委員会編（1994）12頁。

　1960年以降は，観光業のオールシーズン化に向けての取組みとして，佐野を
はじめ，内山，東部，嶺方などの静かな環境の地区の民宿農家は，夏季に学生
村を次々と開設した。「勉学のための学生と共に，スポーツ合宿が盛んになり，
各地にテニスコート・グラウンド・体育館が造られていった[8]」。白馬村の
「村政要覧（各年）」によれば，学生村の利用客数は開設以来毎年度増加し，
ピーク時には年間30万人を超えていたようであるが，その後は減少に至る。

　1961年に新宿駅から信濃森上駅まで急行第一白馬が直通で運転され，さらに
1967年からは，新宿駅発の特急あずさが信濃森上駅，南小谷駅まで延長された
ことにより，首都圏からのアクセスが飛躍的に向上した。

　1961年以降は，村の山岳美と自然美をウリにして，みそら野，和田野，飯森，
エコーランド等の地区の採草地，雑木林，植林地等が宅地造成，分譲されたこ
とによって，都市など村外から流入してくる人々の別荘やペンション，ホテル
などが増加した。冬のスキーだけでなく，夏の避暑地としても利用されるよう
になった。

　1969年には，「白馬村民宿組合」が設立され，関東・関西・北陸方面へ宣伝
に行き，集客に努めてきた。（1987年に）白馬村民宿組合を白馬村旅館業組合
に名称を変更（**図表6－2参照**）し，旅館・民宿・ペンション・ホテルの部会
を設けることになった[9]」。

　観光業のオールシーズン化に向けた新たな取組みとして，白馬村は1977年か
ら1979年にかけて，文部省などの補助金を活用して，姫川と平川の合流地点の
近くにランニングバーンや全天候型のテニスコート，アスレチックなどのグ
リーンスポーツ施設や保養センター「岳の湯」を建設するなどして，「白馬い
こいの森」を完成させた。施設利用者が最盛期には年間17万7,000人に達して
いたようである[10]。

　また，1980年には，姫川の源流と親海湿原一帯が，県から第1号の「自然探

8）　前掲書，12頁。
9）　前掲書，12頁。
10）　前掲書，73〜74頁。

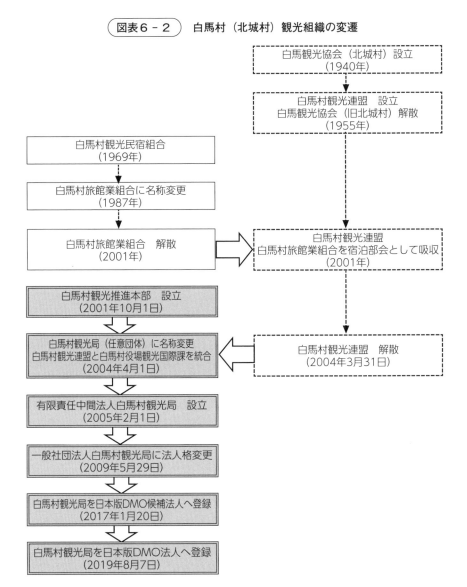

図表6-2　白馬村（北城村）観光組織の変遷

白馬観光協会（北城村）設立
（1940年）

白馬観光連盟　設立
白馬観光協会（旧北城村）解散
（1955年）

白馬村観光民宿組合
（1969年）

白馬村旅館業組合に名称変更
（1987年）

白馬村旅館業組合　解散
（2001年）

白馬村観光連盟
白馬村旅館業組合を宿泊部会として吸収
（2001年）

白馬村観光推進本部　設立
（2001年10月1日）

白馬村観光局（任意団体）に名称変更
白馬村観光連盟と白馬村役場観光国際課を統合
（2004年4月1日）

白馬村観光連盟　解散
（2004年3月31日）

有限責任中間法人白馬村観光局　設立
（2005年2月1日）

一般社団法人白馬村観光局に法人格変更
（2009年5月29日）

白馬村観光局を日本版DMO候補法人へ登録
（2017年1月20日）

白馬村観光局を日本版DMO法人へ登録
（2019年8月7日）

（出所）白馬村観光課（2009）「白馬村観光組織の変遷」（白馬村観光課提供資料）と観光庁
　　　　HP「観光地域づくり法人（DMO）」より筆者作成

勝園」との公示を受け，自然環境保全地区として指定された。村は，フクジュソウの群生地となっていた「姫川源流自然探勝園」を，1985年に環境庁の「名水百選」に選ばれた「姫川源流の湧水」やミズバショウなどの群生地となっていた「落倉自然園」などと一緒に春，夏の観光地としてPRするようになった。

1983年には，八方尾根観光協会が南股地籍において村民の悲願であった温泉の発掘に成功した。引湯により露天風呂や公衆浴場，温泉旅館が誕生した。1993年以降も，北城倉下地区白馬大橋左岸や立の間地籍の国道下等において温泉が掘削され，村は温泉地としても賑わいをみせるようになった。

バブル景気になったこともあり，1989年頃から八方地区や新田地区に大型ホテルが建設されるようになった。「平成2（1990）年5月1日現在の宿泊施設の数は，旅館197，民宿210，ペンション303，ロッジヒュッテ57，ホテル47，貸別荘15，合計829，収容人数3万4,112人となった[11]。」。

1992年当時は，土産屋で扱う村の特産物がほとんどなかった。そのため，白馬村は，村の特産物を開発するとともに道の駅を運営するための第3セクターの株式会社夢白馬を設立した。「はくば蕎麦」や紫米，清流を生かした地酒，「はくば豚」，白馬ブランド米といった地元の食材を活かした開発が行われた。これらは，地元の竹細工やわら細工等の民芸品や村で採れた野菜と合わせて道の駅「夢白馬」や土産屋で販売されている。レストランが併設されたことに加え，村内外に道の駅の知名度が浸透したこと等により，「平成9（1997）年度には11万人の利用者だったのが，平成11年には，17万人に急増し[12]」たようである。

1986年に白馬村は，長野市や山之内町と提携して，冬季オリンピックを招致することになった。招致のためには会場が必要で，特に問題だったのがジャンプ競技場である。白馬村名木山に長野県が90m級のラージヒルを，白馬村が70m級のノーマルヒルを建設することになった。1990年7月に着工し，1992年11月に完成した。その間の1991年にイギリスのバーミンガムで行われたIOC総

11）　前掲書，12頁。
12）　百武（2000）61頁。

会で1998年の冬季オリンピック開催都市に決定したのである。

　ラージヒルとノーマルヒルが併設された日本発の施設は，４階建てのスタートタワーやリフト，クラブハウス，電光掲示板，４万5,000人収容の観客席等世界一のジャンプ台といえる設備であった。外からの観覧はもちろん，リフトでスタートタワーに行き，選手が見る景色やその高さを体感することもできるため，新たな観光地となった。スタートタワーの観光客数が最も多かったのは，オリンピック前が1996年度の16万7,867人で，オリンピック後が1998年度の53万9,391人であった[13]。当時はリフトに乗るためにもかなり並んだようで，ジャンプ競技場の外からの観覧だけの数も含めると数倍になっていたと考えられる。

　開催都市に決定したことを受けて，「オリンピック大会前国際競技大会が平成8（1996）年と9年に白馬村の会場で相次いで実施された。アルペンスキーのFISワールドカップ白馬大会は，平成8年3月[14]」に行われた。

　また，高崎駅と長野駅を結ぶ長野新幹線が，ミニ新幹線から新幹線規格（フ

（図表6‐3） 白馬ジャンプ競技場

---

13)　1994年度，1995年度も観光客数は10万人を超えていた。白馬村生涯学習スポーツ課（各年）「ジャンプ競技場スタートタワーの観光客数」（白馬村生涯学習スポーツ課提供資料）。

14)　「白馬の歩み」編纂委員会編（2003）36頁。

ル新幹線）に変更され，開催に間に合うように整備され，1997年10月に開通した。道路についても，藤岡ジャンクションと長野インターチェンジ間の上信越自動車道が，開催に間に合うように一部暫定2車線に変更され，1996年11月に全線開通した他，オリンピック選手村や長野駅と白馬会場を1時間で結ぶべく県道31号線と33号線もオリンピック道路として改築され，1995年2月に開通した。その他にも，白馬村には白馬東急ホテルをはじめとした近代的なホテルの建設や旅館の大型化が進み，収容人数も飛躍的に増加した。

　図表6-1の観光客推計を見ると，1994年から一般観光旅行客数が増加しているが，これはワールドカップやオリンピックの開催にあたって，大会の観戦をはじめ，施設観覧，文化イベントへの参加等が国内外から多数あったこと，すなわち，オリンピック開催都市に決定したことが主たる要因であったといえよう。長野新幹線や上信越自動車道，オリンピック道路の開通がそれを後押ししたことはいうまでもない。

4　オールシーズン化に向けての白馬村の本格的な取組み

(1)　オリンピック開催後から2015年度までの取組み

　オリンピック開催によって，観光客数が回復するのではないかという期待はあったが，実際には**図表6-1**のように減少傾向となった。この状況を打開するためには新たな観光振興が必要であるとの認識から，2000年度から2001年度にかけて「白馬21観光振興対策会議」を開催した。今後のあり方についての検討を行い，村は新たに2001（平成13）年10月に「北アルプスの雄大な自然と都市的アメニティ機能が享受できる環境共生型リゾート」を目指して推進していくための組織として，「白馬村観光推進本部」を設立した。

　新たな主たる取組みとして，白馬村の様々な分野で卓越した技術や知識を身につけている村内の名人を登録し，旅行客を案内，引率し白馬村の楽しさを提

供してもらう「白馬マイスター制度」を誕生させた。「ジャンルは，アウトド
ア系とカルチャー系に大別され，スキー・スノーボード・登山・トレッキン
グ・ラフティングなどのアウトドア関連の名人と自然観察・ガーデニング・木
彫り・切り絵・民俗・歴史など文化や趣味関連の名人に分けられる[15]。」。また，
オリンピックのジャンプ競技場に隣接する「ノルウェービレッジ」を白馬村の
様々な企画や情報発信を行う観光案内所「白馬情報館」として設置することに
した。

　その後推進本部は，2004年4月に既存の観光組織の「白馬村観光連盟」と役
場の「観光国際課」を統合して「白馬村観光局」と名称変更した（**図表6−2**
参照）。2005年2月に，観光局は法人化され，官民一体の組織「有限責任中間
法人白馬村観光局」となった。モデルとなったのは，オーストリアやフランス
のスキーリゾートにある観光局である。行政とは一線を画した自由度で，観光
開発に取り組めるようにした。観光局は，最高意思決定機関である社員総会を
はじめとして，理事会，事務局，①索道②商工産業③山岳④インバウンド⑤交
通運輸⑥温泉⑦観光協会・宿泊という7つの専門委員会で組織されている。事
務局は現在13名で，役場からの派遣職員1名，民間企業からの派遣職員2名，
直接雇用職員10名（契約，臨時含む）となっている。事務局長だけは毎回公募
により選出されている。

　観光局は，マーケティングを実施し観光事業者に情報を提供したり，国内外
でプロモーションを行ったり，来訪者に地域の魅力を発信したりするなど観光
振興や観光推進を中心となって行うのに対して，役場は，観光課を中心に各課
が連携して観光の基盤整備を行ったり，条例や計画を策定したり，観光関連団
体や民間事業者と連携して観光地域づくりに取り組んだり，国や長野県との連
携や調整を図ったりするなど観光局の事業が円滑かつ速やかに行えるように支
援したり，村が所有する4つの山小屋を管理したりする役割を担う。

　観光客数を増加させるためには，グリーンシーズンの観光の推進が不可欠で，

---

15)　白馬村観光課（2016c）118頁。

ウインターシーズンとは異なった顧客層，嗜好客を獲得すべく，これまで以上の上質なサービスが求められ，同時にソフトとハード双方の見直しや研究が必要になってくる。一方で，ウインターシーズンにおいても，他の地域にはない魅力や資源のPRと独自の環境づくりが重要になってくる。

　2005年に自由度を活かし，国内のみの募集型企画旅行を企画・催行できる「第2種旅行業」の登録を行った観光局は，それを活かして着地型旅行商品の造成と販売を開始した。着地型旅行商品の造成では，「なでしこ登山（女性限定）～ゆっくり唐松岳～」や「白馬岩岳スノーフィールド『スノーシュー体験』」など，「もうひとつの白馬の楽しみ方」をテーマにした初心者から上級者を対象にした季節ごとの多種多様な「白馬マイスターツアー」を「白馬マイスター」とともに開発している。

　これらの商品は，参加者や旅行会社等からの改善案や要望をもとに毎年見直しが行われ，2割程度がスクラップ＆ビルドされている。商品については，観光局のホームページや提携している旅行会社の他，宿泊プランと組み合わせて宿泊施設でも販売されている。その他にも関西方面を中心に5月から6月を対象にした修学旅行商品を販売して，年間1万人程度の集客に繋げている。

　もう1つの観光局の重要な取組みが，プロモーションである。2005年から観光庁所管の独立行政法人国際観光振興機構（JNTO：政府観光局）が主催する訪日外国人旅行者の増加を目的とした訪日プロモーション事業である「ビジット・ジャパン事業」のキャンペーンの一環として行われるオーストラリアのシドニーとメルボルンで開催されるスキー・スノーボードに特化した「スノートラベルエキスポ」に毎年出展している。「これは，長野新潟スノーリゾートアライアンス（長野県白馬村・山ノ内町・野沢温泉村，新潟県妙高市）での活動で，対象国はオーストラリア以外にも，シンガポール，イギリス等で行っている。その他にも，長野県の随行や白馬単独でカナダ，アメリカ，フィンランド，スウェーデン，ドイツ，スペイン，台湾，香港，中国，タイなどに赴き，主としてスノーシーズンのプロモーションを実施している。また，国内向けには，基本的には白馬村単独事業で，首都圏や関西圏など大都市においてオールシー

ズンのプロモーションを行っている[16]。」。

　プロモーション効果は絶大で，白馬村の「村内の宿泊施設を利用した外国人客の延べ宿泊者数」の推移を見ると，2006年3万3,491人だったのが，新型コロナウイルス感染症の影響を受ける前の2019年には27万8,835人と8.3倍に増加していることがわかる。2019年の内訳を見ると，オーストラリアが16万6,590人（59.7%）とほぼ6割を占め，次に香港2万2,687人（8.1%），そしてアメリカ1万3,489人（4.8%）の順になっている。**図表6-1**のように，これによりスキー客数の減少が食い止められ，2013年以降外国人の長期滞在者も増加した[17]が，外国人の増加はスノーシーズンだけであり，グリーンシーズンの滞在にいかに繋げるかが課題である。

　白馬村観光局の事業規模であるが，白馬村観光課（2016c）「白馬村観光地経営計画　基礎調査編」で，2005年度の第2期から2013年度の第10期まで見ると，2010年度の第7期を除けば，1億843万円から1億3,100万円の間で推移している。この間村は，6,274万円から8,240万円の間の額を負担（一般会計からの持ち出し）している。この時期はまだ地方創生関係交付金制度の創設前であったため，村の負担額が大きい。2010年度の第7期だけは，事業規模が1億5,200万円，村の負担額が1億627万円と著しく大きくなっているが，これは「観光局に力を入れる施策を村長が掲げたことに因るものである[18]。」。

　その他にも白馬村と白馬村観光局は，2014年2月に白馬村，大町市，小谷村の3市村にある北アルプスの11スノーマウンテンリゾートエリア（後に1つが閉鎖となり10となる）が連携して，当該地域の共通の名称として「HAKUBA VALLEY」を使用し，今後国際的に通用する価値の創造や発信可能な新エリアの創造を目指すと公表した。2015年度からはグループスキー場「HAKUBA

---

16)　長野新潟スノーリゾートアライアンスでの活動でも，イギリスロンドンの旅行博のようにサイクリングやトレッキングをはじめとしたグリーン期の魅力を現地の旅行会社や参加者にプロモーションし，オールシーズンマウンテンリゾートとして知名度向上と訪日外国人旅行者の増加を図る場合がある。白馬村観光局への質問状の回答。

17)　2012年7月9日より3ヵ月を超えて中長期間日本に在留する外国人も，住民基本台帳に登録されることになった。

18)　白馬村総務課財政係長へのヒアリング。

VALLEY」として，共通リフト券が整備された他，国内向けの共通のプロモーションの実施や共通のWebサイトによる情報発信を行っている。

(2) 2016年度「白馬村観光地経営計画」以降の取組み

① 「白馬村観光地経営計画」の策定とその組織の取組み

　白馬村では，国内の観光客が減少する一方で，海外からのスキー客が増加するという著しい変化の中で，持続可能にしていくためには，地域経営的な視点が不可欠となった。

　2016年3月に，新たに「『観光地を経営する』視点を意識しながら，①経営に資する資源を捉えその状況を把握した上で，②白馬村が観光地として目指すべき姿や進むべき道，実施すべき施策・プロジェクトなどを示すとともに，③これらを確実に実行し，必要な改善を施しながら継続していくための体制や方策も同時に提示すること[19]」を目的として2016年度から計画期間10年間の「白馬村観光地経営計画」を策定した。

　自分たちの生活の場として次世代に自信をもって引き継ぐことのできる白馬村，高い誇りを持って世界中からの来訪客を迎えることのできる白馬村を実現し，何度でも訪れたい，ここに留まりたい，ずっと住み続けたい，いつか帰りたい白馬村を目指すと同時に村民がそれぞれの立場で「世界水準」を意識して来訪者を受け入れることを理念とし，地域の資産を守り，あるいは磨きをかけながら未来に残し，世界中からの来訪者を迎え入れ，「訪れる人それぞれにとっての居心地のよさ」を提供できる『マウンテンリゾート・Hakuba』を目指すとしている。この理念と目標像を実現するための基本方針と戦略は**図表6－4**のとおりである。戦略のもとには，さらに23の施策と55の事業（プロジェクト）が設定されている。

　推進体制としては，計画全体の進捗管理を行う「白馬村観光地経営会議」が各事業の推進主体となる「プロジェクト推進チーム」を立ち上げ，PDCAサイ

---

19)　白馬村観光課（2016a）1頁。

図表6−4　観光地経営計画の4つの基本方針と10の戦略

基本方針1	白馬村全体，広域白馬エリア全体で観光の効果の最大化を視野にいれ，産業間・地区間・取組主体間の連携を進めます。
基本方針2	白馬連峰を核に，地域に根ざした自然・歴史・文化の多面的な活用と，それらを支える人材の育成・活用を進めます。
基本方針3	『スキー目的＋グリーンシーズン周遊』型から『オールシーズン×滞在』型への転換を図ります。
基本方針4	客観的な数値データによる現況の把握と成果の評価，検証に取り組みます。

魅力づくりによる戦略		人づくり・受入体制づくり・仕組みづくりに関する戦略	
戦略①	観光の資産価値の最大化	戦略⑥	観光を支える担い手の育成・支援
戦略②	白馬村を訪れ滞在する価値の多様化	戦略⑦	誰もが安心できる観光受入体制の構築
戦略③	観光の魅力要素の次世代への継承	戦略⑧	地域全体での白馬ブランドの構築
産業・経済の強化に関する戦略		経営基盤構築に関する戦略	
戦略④	宿泊施設とスキー場の再活性化	戦略⑨	計画推進体制の構築と財源の確保
戦略⑤	地場産業と連携した地域経済の強化	戦略⑩	計画推進の基盤となる統計の整備

（出所）白馬村観光課（2016b）「白馬村観光地経営計画〈概略版〉」より筆者作成。

クルに即して「計画（Plan）→実施（Do）→評価（Check）→改善（Act）」の流れで取り組む体制となっている。事業の成果の評価については，「白馬村観光地経営会議」も加わり，KPI（重要業績評価指標）の他，コメントとともに**図表6−5**のように達成度を5段階で行政，民間双方で評価することになっている。

「白馬村観光地経営会議」のメンバーは，「白馬村観光地経営計画策定ワーキンググループ」のメンバーを中心に「同策定委員会」メンバー及びその他村内の関係者によって構成されている。

図表6−5を見てもわかるように，役場の各部署，観光局，観光関連団体，観光事業者，関連事業者（団体），教育機関，住民（団体）が主体となって，様々な事業に積極的に取り組んでいることがわかる。

図表6-5　白馬村観光地経営計画の進捗状況評価シート（2018年度一部抜粋）

KPI	白馬村を観光地として魅力があると回答した人：70% 白馬村に住み続けたいと思うか：70% 紹介意向（ロイヤルティ）：60% 旅行消費額（1人当たり平均）：37,355円 滞在時間・滞在日数（白馬村来訪者調査）：夏季1.5泊・冬季2.0泊	観光産業（宿泊業・飲料サービス業）の売上高：155億3,000万円 観光産業の域内調達率：宿泊54%　飲食サービス64% 次世代への仕事の承継率：50% 宿泊業の労働生産性（＝付加価値額÷従業員数）：338万9,000円／人

戦略体系			前期の取り組みと評価				後期の取り組み
戦略	施策	事業 （プロジェクト）	2016～2018年度で実施した事業名	実施主体	行政 評価	民間 評価	戦略重点プロジェクト
戦略2　白馬村を訪れ滞在する価値の多様化	1．季節それぞれの新しい楽しみ方の創出	①屋内外でのアクティビティ充実	平川　水と親しむイベント	平川を愛する会	3.4	3.7	●季節ごとに楽しめるアクティビティプログラム（経験度別）の充実 ●リゾートテレワーク，ワーケーション等の新しい滞在スタイルの提案
			平川　観察会	平川を愛する会			
			砂防ツアー	平川・松川砂防工事促進期成同盟会			
			白馬サイクルフェスタ	白馬五竜観光協会			
			Mountain film on Tour in Hakuba	（株）五竜			
			白馬五竜ナイトゴンドラ 2018	（株）五竜			
			アルプス平でペルセウス座流星群を眺めよう	（株）大糸			
			白馬コンサイクリング　グレコン白馬	白馬商工会			
			どろんこドッジボール大会	白馬商工会			
			あずみのセンチュリーライド　桜　緑	AACR実行委員会 共催：白馬組			
			サイクルモードインターナショナル2018へ「ジテンシャ×旅ブース出展」	北アルプス地域振興局 白馬村，大町市，小谷村			
			「Xtrem Aventures HAKUBA TSUGAIKE WOW!」（HAKUBAVALLEY）	白馬観光開発			
			マウンテンハーバーイベント	白馬観光開発			
			BMWモトラッドJapan	実行委員会			
			ランドローバー70周年イベント	ジャガー・ランドローバー・ジャパン			
		②スポーツプログラムの強化	バックカントリースキー大会の実施	FWT実行委員会			
			岩岳マウンテンバイクパーク	白馬観光開発			
			47マウンテンバイクパーク	白馬47			
		③教育・学習的なプログラムの開発	砂防カードの発行	治水防災協会　姫川支部			
			天空の天体ショー＆流星群観察会 食の体験スタジオ	白馬観光開発			
	2．食と温泉を活用した滞在魅力向上	①白馬産食材の地産地消の推進	第2期白馬村食育推進計画策定	白馬村（農政課）	2.9	2.8	●生産者との連携による地元産品の付加価値向上，商品開発，食の魅力づくり（質の向上，景観×食）
			特産品開発等活動事業	白馬村（農政課）			
			グレーピエ養成講座	白馬商工会			
			岩岳マウンテンハーバーでの地元食材活用	白馬観光開発			
		②白馬村の水や空気を活かした食の魅力向上	白馬産農産物のブランド化	村（農政課）			
			北アルプス山麓ブランド	北アルプス山麓農畜産物ブランド運営委員会			
			日本酒「黒菱」生産開発	八方尾根開発株式会社			
		③温泉の特色を生かした魅力づくり	天然水素温泉　八方温泉	八方尾根開発株式会社			
		④食や温泉をテーマにしたイベントの創出	秋の味覚フェア	村（農政課）			
			白馬ガレットフェスタ 2018	（株）五竜			
	3．歴史・文化・芸術資源の継承・活用	①歴史・文化資源の発掘と活用	青鬼地区限定配布チラシ作製	白馬村	2.3	1.3	●里山集落の保全と連携（住民との合意形成や認定ガイドによるガイドプログラムの実施等） ●人（顔）の見える化（観光産業従事者として迎え入れる方々，自ら白馬での暮らしを楽しむ住民の方々 ●住民も観光客も楽しめる文化芸術プログラムの創出
			唐松沢氷河調査	白馬村			
		②歴史・文化資源を活用したプログラム開発	氷河認定記念カクネ里雪深ツアー	（株）五竜			
		③美術館や地元在住の工芸家との連携強化	レストランのエントランスにエコーランド在住の工芸家の商品を置き，工場案内の掲示	（株）大糸			

（出所）白馬村観光課（2118b）「白馬村観光地経営計画の進捗状況評価シート」（白馬村観光課提供資料）及び同（2018a）「白馬村観光地経営計画会議【参考資料3】観光地経営計画施策一覧」（白馬村観光課提供資料）より筆者作成

中でもオールシーズンのマウンテンリゾートとしての白馬の重要なコンテンツが，白馬観光開発株式会社岩岳営業本部（後の株式会社白馬岩岳リゾート）が整備した2018年10月開業の北アルプスの絶景を一望できる**図表6－6**のような岩岳山頂テラス「HAKUBA MOUNTAIN HARBOR」や村が地方創生推進交付金を活用[20]して八方尾根の麓の北尾根高原に設営した2019年10月開業の八方尾根開発株式会社のグランピング施設「Snow Peak FIELD SUITE HAKUBA KITAONE KOGEN」，白馬観光開発株式会社が遠く八ヶ岳や浅間山を見渡すことができる標高1,400mの八方尾根のウサギ平山頂駅の絶景オープンテラスに新設した2019年7月開業のSauna・Jacuzzi「Hakuba Mountain Beach」で，いずれもリゾート感が得られる施設として国内外から注目を集めた。

　これら3つの施設以外にも，白馬観光開発株式会社岩岳営業本部が2017年9月に岩岳に「白馬岩岳MTB PARK」を，株式会社白馬フォーティセブンが2019年7月に白馬47に「ヨンナナマウンテンバイクパーク」を，白馬観光開発株式会社栂池営業本部（後の栂池ゴンドラリフト株式会社）が同年8月に栂池に絶叫アドベンチャー「白馬つがいけWOW！」を開業した他，気球，パラグライダー，ラフティング，キャニオニングなどのアウトドアスポーツの展開なども行った。これら様々な施設の整備やアクティビティの実施により，グリーンシーズンの集客が期待され，実際**図表6－1**にあるように，2017年度以降は一般観光旅行客数が増加したが，その後コロナ禍となったため，影響は限定的となった。

　図表6－5を見てもわかるように，様々な事業に取り組んだ後は，行政と民間よりそれぞれコメント付きで評価される。前期で評価が低いもの，評価が割れるものについては，見直しが行われ，後期で集中的に取り組む内容が，戦略重点プロジェクトとしてまとめられ，実施されることになっている。

---

20)　「2016年度に創設された地方創生推進交付金は，当初は地域未来投資促進法の関係で，ソフト面だけでなくハード面でも活用が可能であった。」白馬村総務課企画調査係長へのヒアリング。

図表6－6　岩岳山頂テラス「HAKUBA MOUNTAIN HARBOR」

(出所) 白馬村観光課提供

② 白馬村観光局のその後の取組み

白馬村観光局は，観光庁の様々な補助金については直接申請し活用できるようになること，また，村を通じてではあるが，内閣府・内閣官房の地方創生関係交付金が利用できるようになることから，観光庁の日本版DMO (観光地域づくり法人) に地域DMOとして申請を出し，2017年1月20日に候補法人 (候補DMO) として，更に2019年8月7日には法人 (登録DMO[21]) として登録された。

国の補助金なども積極的に活用して，これまでの着地型旅行商品の造成と販売やプロモーションに加えて，自転車観光及び自転車整備のためのサイクリングツーリズム事業やデジタルデータを用いた白馬村の観光マーケティング分析 (ITベンダーとの共同)，①観光ガイドや②スポット検索，③レストラン・観光スポットクーポン，④シャトルバス接近情報，⑤アクティビティ予約，⑥地

---

21) 候補DMOでも観光庁や内閣官房・内閣府の様々補助金が活用できるが，登録DMOとなることで，新たに観光庁の「広域周遊観光促進のための観光地域支援事業」と「世界に誇る観光地を形成するためのDMO体制整備事業」の2つの事業の補助金が利用できるようになる。

図表6－7 白馬村観光局の第18期（2021年度）の総収入と総支出の見通し

（単位：千円）

収　入			支　出	
1．国（観光庁）から補助金		30,448	1．一般管理費	48,127
2．白馬村からの負担金			2．主催イベント事業	17,267
①白馬村観光局負担金	34,195		3．協賛事業	418
②地方創生推進交付金事業負担金	70,000		4．パンフレット等制作事業	7,029
③緊急経済対策事業負担金繰入	22,030	126,225	5．宣伝販売促進事業	119,725
3．受託金（白馬村より）		3,200	6．サイト管理事業	2,569
4．会費収入		15,551	7．主催旅行・手配事業	1,428
5．収益事業収入		19,353	8．シャトルバス運行事業	7,919
6．雑収入		3,079	9．商品開発販売促進事業	6,221
			10．予備費	117
総収入（合計）		197,856	総支出（合計）	210,820

注）1．国（観光庁）からの補助金は白馬村を経由せず，直接観光局に支出されるものである。
　　2．①白馬村観光局負担金は白馬村の一般会計からの繰り入れであり，当初予算では49,950千円を計上していたが，新型コロナウイルス感染症の影響で計画していた事業が中止となったため，補正予算で上記額に減額となった。
　　3．②地方創生推進交付金事業負担金は，内閣官房・内閣府より白馬村を通じて支出される補助金である。
　　4．受託金は白馬駅前観光案内所運営業務に関するものである。
　　5．総収入と総支出は一致していない。
（出所）観光庁（2022）「観光地域づくり法人形成・確立計画：地域DMO（一社）白馬村観光局」及び白馬村観光課観光商工係長へのヒアリングより筆者作成

図，⑦ゲレンデ情報，⑧イベント情報の8つの機能を持つ10のスノーマウンテンリゾートエリア内共通の公式アプリ「HAKUBA VALLEY」の開発（KDDIとの共同），観光税等の研究検討（村との共同），バックカントリースキーの国際大会である「Freeride World Tour」の誘致などを行っている。

　観光局の事業規模であるが，2019年度までは1億2,000万円程度で推移していたが，2020年度から2億円規模に増大した。**図表6－7**を見てもわかるように，それは観光局が登録DMOとなり，直接国からの補助金を得ることができるようになったことや白馬村を通じて地方創生推進交付金が活用できるようになったことによるものである。内閣官房・内閣府からの補助金である地方創生

116

推進交付金があるため，白馬村の実質負担額は，近年は5,000万程度となっている（2021年度は3,419万5,000円）。

 ## おわりに

　白馬村は山岳リゾートのオールシーズン化へ向けて取り組み，ウインターシーズンについては，国内スキー・スノーボード客数が減少していく中で，海外からのスキー・スノーボード客を誘致し，毎年度増加させることでスキー・スノーボード客の総数を維持してきた。一方グリーンシーズンについては，様々な取組みで新たな客層の呼び込みに成功し，一般観光客数を維持してきた。2017年度以降については，新たな取組みと魅力の発信により増加傾向となっており，新型コロナウイルス感染症の影響がなくなれば，今後再び増加する可能性が高いといえる。

　このように白馬村が成功した要因については，6つ指摘することができる。

　1つ目は，図表6－2のように村に観光組織が早くからあり，地元に根付いていたこと，しかも「民宿組合」のような民間事業者による組織だけでなく，行政と民間（観光事業者）で組織された白馬観光協会や白馬村観光連盟などがあったことが大きい。それぞれが自分の立場で問題を捉え，そして協力して対処していくという気運が醸成されていったことが，成功の1つの要因であった。また，2016年度以降は「白馬村観光地経営計画」の実施により，これまで以上に全村的な一体感が生まれたといえよう。

　2つ目は，「白馬マイスター」の存在とそれを制度化したことである。地域の魅力や資源について，気づいていない，わかっていない自治体は多い。白馬村の場合は，それを熟知しているマイスターがいるため，見逃すことなくその魅力や資源，文化を着地型旅行商品としたり，特産物としたり，プロモーションに利用できたりしたことは極めて大きかったといえる。

3つ目は，役場や倶知安町・ニセコ町のような外国資本[22]に頼らずに，フォーシーズンのそれぞれのコンテンツ開発を地域の魅力や資源のことが一番よくわかっている村内の民間事業者が個々にやり始めたことである。2016年度以降それが如実に現れている。株式会社白馬岩岳リゾートや八方尾根開発株式会社など村外から改革意欲のある有能な者が経営者として就任したことも1つの大きな要因である。また，「白馬村観光地経営計画」の存在が民間事業者の意識改革を行い，その効果を高めているということができよう。

　4つ目は，プロモーションについてである。白馬村を見れば，プロモーションがいかに大事であるかがわかる。まず，地域の魅力や資源を把握することが大事であるが，次はそれをいかに伝えるかが大事である。白馬村の場合は，地域の魅力や資源を認識した上で，「スケールメリットみたいなものが表に出るように素材集めですとか，そういうものは丁寧にしている[23]」ようである。そして加えて重要なことは，それをある程度やり続ける必要があるということである。「プロモーションって効果を計るのが，最初難しいのですが，かといってそれをやらないと中々お客さんは来ていただけないという事実があって，その辺の兼ね合いを図ることが[24]」重要になる。

　5つ目は，行政と一線を画した自由度のある組織「観光局」の存在である。行政であれば，第2種旅行業の登録をすることができなかったが，有限責任中間法人（当時）であったために登録が可能で，「白馬マイスターツアー」など着地型旅行商品の造成や販売をすることができた。また，事務局長だけは毎回公募により選出されるため，村内外から有能な人材を確保することが可能となっていることも重要であるといえよう。

　6つ目は，白馬村観光局が登録DMOとなり，国の様々な補助金を活用できるようになったことである。財源確保は常に大きな問題である。登録DMOにならなくても，いくつかの補助金は利用できるが，なれば幅広いより多くの補

22）　外国資本は，外国人の滞在が少ないグリーンシーズンのコンテンツ開発には積極的でないことに加え，地域全体が依存体質となる可能性が高い。
23）　白馬村総務課企画調査係長へのヒアリング。
24）　同上。

助金が活用できるため，結果として事業規模を拡大させ，多くの事業，試験的な事業にも取り組むことができる。実際になったことによって，事業規模は1億円ほど増加した。また，合わせて村の負担額も2,000万円から3,000万円ほど減少した。ただし，地方創生推進交付金については，期間が最長5年間であるため，その後の財源確保をいかにするか検討が必要である。

　地域再生・地方創生におけるイノベーションは簡単ではない。ただ，他の成功した事例を模倣しただけでは，発展しても一時的なもので長続きしないからである。本物のイノベーションを起こすためには，他にはないその地域の魅力や資源を見つけ出し，他で成功した事例を参考にしつつ，それらを最大限に活かした新たな価値を創造する必要がある。

■参考文献────────

石井英也（1970）「わが国における民宿地域形成についての予察的考察」『地理学評論』第43
　巻第10号。

石井英也（1977）「白馬村における民宿地域の形成」『人文地理』第29巻第1号。

伊藤喜雄（1988）「スキー場を軸に地域開発を進める―長野県大北農協の事例から―」『農業
　協同組合』第34巻第11号。

太田隆之（2018）「『観光のダイナミズム』下にあるスノーリゾート地域の現状と課題―長野
　県白馬村の事例検討―」『静岡大学経済研究』第23巻2号。

観光庁（2020）「『スノーリゾートの投資環境整備に関する検討会』の報告書」
　https://www.mlit.go.jp/common/001342222.pdf（閲覧日2022年11月30日）。

観光庁（2022）「観光地域づくり法人形成・確立計画：地域DMO（一社）白馬観光局」
　https://www.mlit.go.jp/common/000213868.pdf（閲覧日2022年11月30日）。

観光庁HP「観光地域づくり法人（DMO）」
　https://www.mlit.go.jp/kankocho/page04_ 000053.html（閲覧日2022年11月30日）。

呉羽正昭（2017）『スキーリゾートの発展プロセス』二宮書店。

総務省（2016）「経済センサス－基礎調査」再編加工。

総務省・経済産業省（2016）「経済センサス－活動調査」再編加工。

日本生産性本部編（各年）『レジャー白書（各年）』日本生産性本部 生産性出版。

「白馬の歩み」編纂委員会編（1994）『「白馬の歩み」（白馬村誌）第4巻観光・登山・スキー
　編』第一法規出版。

「白馬の歩み」編纂委員会編（2003）『「白馬の歩み」（白馬村誌）第3巻社会環境編 下』第
　一法規出版。

白馬村観光課（2009）「白馬村観光組織の変遷」（白馬村観光課提供資料）。

白馬村観光課（2016a）「白馬村観光地経営計画」（白馬村観光課提供資料）。

白馬村観光課（2016b）「白馬村観光地経営計画〈概略版〉」（白馬村観光課提供資料）。

白馬村観光課（2016c）「白馬村観光地経営計画　基礎調査編」（白馬村観光課提供資料）。

白馬村観光課（2018a）「白馬村観光地経営計画会議【参考資料3】観光地経営計画施策一覧」
　（白馬村観光課提供資料）。

白馬村観光課（2018b）「白馬村観光地経営計画の進捗状況評価シート」（白馬村観光課提供
　資料）。

白馬村観光課（各年）「目的別観光客推計」（白馬村観光課提供資料）。

白馬村生涯学習スポーツ課（各年）「ジャンプ競技場スタートタワーの観光客数」（白馬村生
　涯学習スポーツ課提供資料）。

百武ひろ子（2000）「地域づくりの軌跡　グリーンツーリズムを核としたポストオリンピッ
　クの村づくり」『地域政策研究』第11号，ぎょうせい。

堀木美告他（2016）「『観光地経営計画』策定の試み―長野県白馬村を例にして」『観光文化』
　第40巻第3号通巻第230号。

村島由直他（1977）「観光開発と農林業経営―長野県白馬村の事例から―」『信州大学農学部
　演習林報告』第14号。

Column Ⅵ

白馬村の民宿の誕生

　　白馬村は，わが国の民宿発祥の地とされる。白馬村の民宿はいかにして成立し
たのだろうか。石井英也は，白馬村の観光産業は「明治末の夏山登山者に対する
山小屋運営という形で出発したが，当時村内には1軒の旅館が存在するにすぎず，
登山には山案内人が必要であったことから，その行き帰りに次第に彼らの家が利
用されるようになった。しかし，当時はあくまでも山案内人達の好意にもとづく
宿泊の提供であり，その後の冬山登山と山岳スキーの普及が，民宿の出現を促す
こととなった。すなわち，冬山登山には山小屋の設置が必須であり，これに対す
る地元民の資本投下が行われたこと，冬山登山者とスキーヤーは比較的長期滞在
が常であったこと，昭和恐慌（1929〜1930年）による農家側の窮乏化などの
事情のなかで，山案内人達は意図的に謝礼を受け取るようになった*」と述べて
いる。こうして1937年にガイドの村・細野地区（現在の八方地区）の「16軒が
警察の許可を受け，1泊80円の料金で泊めたのが日本の民宿の発祥と言われて
いる**。」。

＊　石井（1977）6頁。
＊＊　「白馬の歩み」編纂委員会編（2003）142頁。

第 7 章

代表民主制と自治体議会の イノベーション ——宮田村議会の「むらびと 会議」を事例に

　本章では，分権時代において重要性を増している自治体議会に着目して，そのイノベーションのあり方を論じる。議会は，二元的代表民主制において，多元的な民意を政策形成に反映することをその存在意義としており，議会のイノベーションは，住民と議会の新結合と定義できる。この定義を踏まえて，宮田村議会の取組みを事例に，議会のイノベーションに求められる視点を考察する。

Key Words

二元的代表民主制，　自治体議会改革，　政策形成，　住民参加，議会と住民の新結合，　議員のなり手不足

---

1 議会のイノベーションが求められる背景

(1)　自治体議会とイノベーション

　イノベーションとは，「新しい製品や生産の方法を成功裏に導入すること」であるという[1]。この定義は，主に企業活動を念頭に置いたものであるが，自

治体の活動に当てはめるとどうか。自治体の役割は，「住民の福祉の増進を図ることを基本として，地域における行政を自主的かつ総合的に実施する役割を広く担う」（地方自治法１条の２第１項）ことである。そして，自治体は，その役割を果たすための方途（政策）を形成し，実施しているのである。企業活動における製品やサービスの生産は，自治体においては政策の形成と実施に置き換えることができ，その新しい方法を成功裏に実現することが，自治体のイノベーションであると捉えることができよう。

　本書ではこれまで，主として自治体行政の活動に着目して，新たな政策をつくりあげ，それを実施することで地域課題の解決を図る，いわば政策実施のイノベーションについて中心的に論じてきた。本章では，視点を変えて，行政とともに自治体政府を構成する議会に着目することとしたい。

　議会というと，イノベーションとは縁遠い存在であるように思われるかもしれない。自治体の政策実施は，主として執行機関たる首長（行政）が担っている。しかしながら，自治体においては，首長のみならず議会もまた住民代表として存在しており，条例や予算等の政策の重要事項を決定するとともに，行政の政策実施を監視・評価することで，政策過程の一翼を担っている。議会のあり方を問うことは，住民自治を充実させ，議会の活動を通じて政策の質を高め，ひいては私たちの生活をより豊かにするという意味で，イノベーションにつながり得るものである。

　一方で，議会が政策過程においてその役割を十分に果たしていないという批判も少なくない。そうしたなかで，2000年代以降，全国の自治体において，議会改革を進めようとする動きが活発化しており，議会のイノベーションの実現が模索されてきた。その一方で，議会改革によって目指されている議会の姿は，各自治体において必ずしも一致しておらず，今日において求められる議会のイノベーションの方向性を考察することが必要となる。本章では，以上の観点から，信州における議会改革の動向を踏まえつつ，検討を進めることとしたい。

１）　土井教之・宮田由紀夫編著（2015）『イノベーション論入門』中央経済社，２頁。

(2)　地方分権と自治体議会のあり方に対する問題提起

　まず，自治体議会のイノベーションが求められる背景を確認したい。その背景として真っ先に挙げることができるのが，地方分権改革の進展である。分権改革の詳細については，紙幅の都合上ここでは触れないが，その意義をまとめれば，国と自治体の関係を上下・主従の関係から対等・協力の関係に改め，住民に身近な行政はできる限り住民に身近な自治体が担う（基礎的自治体優先の原則）ことで，地域の自己決定の確立を図ったことにある。先述した地方自治法の規定は，2000年に施行された地方分権一括法において新設されたものであるが，自治体行政の自主性・総合性・包括性を明記しており，分権改革の意義を端的に示していよう。

　分権時代において問われるのが，地域の自己決定のあり方であり，「地方分権を進めていこうとするならば，どのようにして自治体の自主的な決定を行い，広範な住民の合意形成によって自治体運営を行っていくのかが課題」[2]となる。そこでは，後述するように，議会において多元的な住民の意思を反映した合意形成が図られているかが問われることになる。

　このように，自治体議会の重要性が指摘できる一方で，議会やその担い手である議員に対して，様々な批判があることも事実であろう。1つには，議員の資質に対する批判がある。カラ出張などの政務活動費の不正使用や，贈収賄や選挙買収などの"政治とカネ"の問題，さらにはセクハラヤジなどの議員の失言がたびたび報じられ，政治倫理の確立や議会の説明責任が問われている。

　加えて，従来から，議会の機能不全に対する批判も根強い。そもそも，日本の地方自治制度においては，首長が広範な行政の管理執行権限のみならず，議案提出権をも有しているのに対して，議会の権限は限定的であり，したがって「執行機関優位の首長主義であり，逆に議会は執行機関に従属し易いものである」[3]ことが指摘されてきた。実際に，議会で審議される議案の大部分は首長

　2）　今川晃・牛山久仁彦・村上順編著（2007）『分権時代の地方自治』三省堂，178頁。

が提案し，かつそのほとんどが原案どおり可決されている。議会が，議案提出権を行使して政策提案を行うことは稀であり，「議会に政策提案の役割を期待することは，現実的基盤に欠く」[4]との指摘まである。

　こうしたなかで，住民の議会に対する評価は厳しいものがある。**図表7－1**は，早稲田大学マニフェスト研究所が2018年に全国の18歳以上の男女有権者1,173人に対して実施した意識調査の結果である。この図表を見ると，およそ半数が，「議会は何をしているかわからない」「議員は何をしているかわからない」という印象をもっていることがわかる。さらには，「議会はあってもなくても同じ」「議員はいてもいなくても同じ」という，議会不要論に連なる回答も2割を超えている。今日，住民代表機関としての議会の存在基盤が揺らいでいる。

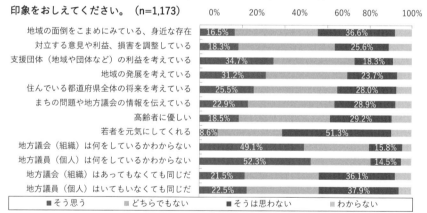

（　図表7－1　）　自治体議会や議員に対する印象

地方議会（都道府県議会、市区町村議会）や議員について、あなたが持つ
印象をおしえてください。（n=1,173）

（出所）早稲田大学マニフェスト研究所「統一選政策ビラ解禁に向けた議会イメージ・政策型選挙調査」（http://www.maniken.jp/pdf/180822seisaku_cihougikai_research.pdf，最終閲覧日：2022年11月1日）

3）　東京都議会議会局調査部（1971）「首長主義と地方議会―制度とその実際」111頁（高木鉦作・大森彌執筆部分）。
4）　曽我謙悟（2019）『日本の地方政府』中公新書，54頁。

(3)　人口減少社会の到来と自治体議員のなり手不足問題

　日本においては，2008年以降，総人口が減少に転じている。国立社会保障・人口問題研究所の将来推計によれば，2050年に総人口が1億人を下回ることが予測されており，今後，全国的に急激な人口減少が進むことが確実な情勢である。本格的な人口減少社会が到来するなかで，近年，大きく注目されているのが，自治体議員のなり手不足問題である（長野県内の自治体におけるなり手不足の現状については，**Column**を参照）。

　2000年代に，いわゆる「平成の大合併」が進められ，市町村数は1999年の3,229から，2010年には1,727に減少した。それに伴い，全国の自治体議員の総定数もまた減少しており，1999年の6万3,023人から2010年の3万6,479人へとおよそ半減している。このように，議員定数が減少しているにも関わらず，自治体選挙において，立候補者数が議員定数に満たずに選挙が実施されず，無投票当選となる割合が増加傾向にある。直近の2019年の統一地方選挙では，41の道府県議会議員選挙において，39.3％の選挙区が無投票となり，議員定数に占める無投票当選者の割合も26.9％を占め，戦後最も高くなった。また，町村議会議員選挙においても，議員定数に占める無投票当選者の割合が23.3％に達している。

　ここで確認しておきたいのが，少子高齢化や人口減少の進行が要因のひとつであるとしても，それのみが議員のなり手不足を生じさせているわけではないことである。むしろ，これまで論じてきた自治体議会の現状と，それに対する「議会が何をしているかわからない」という住民の評価が根底にあると見なければならない。分権時代において自治体議会が期待されている役割が必ずしも果たされておらず，議会活動が住民から見えにくい現状にある。そのため，地域の政治や議会に対する住民の関心が低下している。そして，住民の関心が低いなかでは，議会活動を活発化するための議会費の増額や，一定の議員報酬額の確保をはじめとするなり手不足対応について住民の理解と支持が得られず，条件整備が停滞する。そして，不十分な議会活動や住民の低い関心が継続する

こととなる。このような悪循環から脱却するために，議会のイノベーションを
いかに進めていくかが問われている。

2 議会のイノベーションを考える視座

⑴　二元的代表民主制における議会の位置づけ

　それでは，自治体議会のイノベーションにおいて目指すべき姿はどのような
ものであろうか。議会のイノベーションの方向性を展望するためには，地方自
治制度における議会の位置づけやそこにおける議会の存在意義を踏まえる必要
がある。自治体議会は，住民が選挙によって代表者を選出し，代表者が地域の
統治をめぐる意思決定を行う代表民主制の制度装置である。一方で，重要なの
は，自治体において議会は唯一の住民代表機関ではないということである。日
本国憲法では，首長と議会の議員の双方を住民が直接公選によって選出するこ
とが規定されている（93条2項）。自治体においては，議会のみならず，首長
という住民代表機関が存在しており，議会のみが政治を独占しているわけでは
ないのである。

　首長と議会という2つの住民代表機関をもつ自治体の統治のシステムを「二
元的代表民主制」と呼び，両者の関係を「機関対立主義」と捉えたのが西尾勝
である[5]。西尾によれば，二元的代表民主制は，2つの原理に立脚している。
第一に，首長と議会は双方とも直接市民を代表しうる機関として，その正統性
の根拠において対等の地位にある。首長と議会は，対等の代表機関として，い
ずれが市民意思を的確に反映しているかをめぐって競い合う関係に立つ。

　それ故に，第二に，議会は自治体の最高機関ではなく，また議会は立法権を
完全独占していない（首長の議案提出，再議請求等）反面，行政権の一部を所

---

5) 東京都都民生活局（1977）「都民参加の都政システム」73〜75頁（西尾勝執筆部分）。

掌（副首長選任の議会同意，契約の議決等）している。首長と議会は，政策過程においてその権限を分掌しており，自治体の意思決定は長と議会の相互作用によって形成される。以上を踏まえれば，機関対立主義が機能している姿を，「首長と議会が，政策過程のあらゆる局面において，住民の意思反映をめぐって競い合いながら，よりよい政策を導いていくこと」と描くことができる。

(2)　首長と議会の差異と議会の存在意義

加えて，西尾は，住民の意思反映に関して，首長と議会の間にその構造に由来する差異があることを指摘している。まず，選挙構造に由来する代表機能の差異である。首長は最大多数票を獲得しなければ当選しないため，多数意思の代表につとめることを自己の宿命とするが，議員は比較的少数の支援で当選可能なため，議会議員は少数意思の正当な代表に徹することが可能である。また，構成構造に由来する統合機能の差異もある。首長は独任制であり，一貫した政治指導を積極的に展開しやすい。一方，議会は合議制であり，多元的な利益分化を反映するとともに，審議過程において争点を提起する面で優れている。

首長と議会という2つの住民代表機関が存在することの意義について，さらに踏み込んで検討したい。政治学では，一元代表制（議院内閣制）と二元代表制（大統領制）のどちらがよい統治をもたらすかという問いをめぐって，様々な議論がなされてきた。シューガート（M.S.Shugart）とカレイ（J.M.Carey）は，この問題を考察する際の2つの価値基準を提起している[6]。第一に，民主主義の「効率性（efficiency）」である。これは，有権者に選択可能な政権の選択肢が示され，そのなかから1つの政権を選びうる可能性であり，有権者がどの程度効率的に代理人を選ぶことができるかどうかが基準となる。第二に，民主主義の「代表性（representativeness）」である。これは，有権者の多元的な利害が表明され，反映されうる可能性であり，少数意見も含めて，どの程度多様な有権者の声が意思決定に反映されているか，広範な有権者の合意形成が図

---

6)　Shugart, Matthew Soberg and John M. Carey（1992）*Presidents and Assemblies.* Cambridge University Press, pp.7-15。

られているかが基準となる。

　シューガートらの結論は，二元代表制（大統領制）が望ましいというものである。一元代表制（議院内閣制）においては，効率性と代表性の間にトレードオフが生じる一方，二元代表制（大統領制）においては，大統領が効率性の価値を，議会が代表性の価値を実現することができるからである。この議論は，日本の自治体にも当てはめることができよう。首長は，選挙において住民が将来の地域づくりの方向性を定める政策選択の機会を提供するとともに，選挙後に，一貫性をもって政治指導を展開して政策を推進することで，民主主義の効率性の価値を実現することが期待される。一方，議会は，議員選挙や議会審議において，首長選挙だけでは十分に汲み取ることのできない多元的な住民の声や政策争点を明らかにしながら，重要事項の意思決定を行うことで，民主主義の代表性の価値を体現することが求められる。多元的な民意の反映こそが，自治体議会の存在意義であることを改めて強調しておきたい。

(3)　議会のイノベーションの再定義――議会と住民の新結合

　以上の検討を踏まえて，議会のイノベーションとは何かを改めて考えたい。イノベーションをはじめて定義したとされるシュムペーター（J.A.Schumpeter）は，イノベーションを必ずしも技術革新（自治体に引きつけて言えば政策革新）に限定せず，社会を変える新しい方法として広く捉えている。シュムペーターによれば，イノベーションとは，労働と資本の「新結合」であり，結合の変更によって，新しい製品やサービスの生産，新しい生産方法の導入や新しい市場の開拓，原材料の獲得，新しい組織の実現をもたらすことである[7]。

　自治体議会は，何らかの生産を行っているわけではなく，そこに労働と資本の結合が見られるわけでもない。議会は，政策の形成と実施をめぐる討議を行い，自治体の意思決定を担う機関である。そこでは，自治の主体である住民と，

　7）　シュムペーター著，塩野谷祐一・中山伊知郎・東畑精一訳（1977）『経済発展の理論（上）』岩波文庫，180〜185頁。

代表民主制を担う議会の結合のあり方がどのようなものであるか，多元的な民意を反映した合意形成という真の意味での地域民主主義が実現できているかが問われることになる。このように考えると，議会のイノベーションとは，議会と住民の新結合であり，政策形成・実施の変化を通じて，住民の福祉の増進をもたらすものであると観念することができよう。

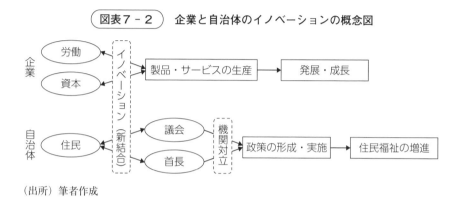

図表7－2　企業と自治体のイノベーションの概念図

（出所）筆者作成

3 議会と住民の新結合をめぐる近年の動向

（1）　議員定数の削減は議会のイノベーションなのか

　先述のように，議会に対する住民の評価には厳しいものがあり，住民は議会との結合を必ずしも実感できていない状況にある。そのなかで，全国の自治体議会において，住民の批判に応えるために自発的な議会改革の取組みが進められており，議会における住民参加の推進や議会の政策能力の強化，議会運営の改善が図られてきた[8]。一方で，本章で論じてきた多元的な民意の反映を実現

8）　自治体議会改革の動向と改革手法の詳細については，中邨章監修，牛山久仁彦・廣瀬和彦編（2012）『自治体議会の課題と争点』芦書房，95～119頁を参照されたい。

するための議会と住民の新結合という観点からは，疑問符がつくものもある。すなわち，議員定数削減を議会のイノベーションと見ることの妥当性である。

　近年，議員定数や議員報酬の削減を"身を切る改革"として進める議会が少なくない。実際，平成の大合併以降も，自治体議員の総数は減少し続けている。しかしながら，議員定数の削減は，先述した代表性の価値の減退につながるものであり，多元的な住民の意思反映には必ずしも寄与しない。歴史的に見ると，大正デモクラシー期や戦後改革期においては，法定（当時）の議員定数の増員が行われており，「議員定数は地方自治の実現や強化の動きとも関わりをもっており，分権の動向に対応して議員定数が拡大されてきた」との指摘もある[9]。議員定数は，議会のあり方そのものに関わる問題であって，財政支出の削減を重要視する"行革の論理"のみに立脚して議論すべきではない。多元的な民意の反映のために必要な議員定数を確保するという視点が求められよう。

⑵　持続可能な議会をめぐって──集中専門型と多数参画型

　この点に関連して，近年では，国においても自治体議会のあり方の検討が断続的に行われている。そのうち，2017年に総務省が設置した「町村議会のあり方に関する研究会」では，特に小規模町村における議員のなり手不足問題への対応策が検討され，町村における持続可能な議会のモデルが提示された（**図表7－3**）。

　第一に，集中専門型議会である。これは，生活給を保障する十分な議員報酬が支給される少数の専業的議員によって議会を構成するとともに，多様な民意反映のために，住民から無作為に選ばれる「議会参画員」が，議決には加わらないものの審議に加わるというものである。第二に，多数参画型議会であり，生活給の保障のない多数の非専業的議員によって議会を構成するとともに，議員の負担を軽減するために，契約の締結や財産の処分等を議決事件から除外するというものである。

　9）　町村議会議員の議員報酬等のあり方検討委員会（2019）「町村議会議員の議員報酬等のあり方　最終報告」71〜73頁（牛山久仁彦執筆部分）。

　ここにも，「持続可能性」をもっぱら財政負担の軽減から捉える"行革の論理"の陥穽が見られる。すなわち，生活給を保障する水準の議員報酬額を確保するためには，議員定数は少数でなければならないし，議員定数を多数とするためには，副収入程度の少額の議員報酬額としなければならないという発想である。その結果，議会と住民の結合のもとでの議会の機能発揮は後退する。

　例えば，集中専門型議会では，シューガートらのいう民主主義の代表性の価値が減退する可能性がある。多元的な民意の反映は，議会参画員が担うことが期待されているが，審議において民意が表明されることは担保されても，議決に加わらないため，意思決定における多元的な民意の反映は制度上担保されない。また，多数参画型議会においては，先述したように，首長が制度上優位である現状から，さらに議会の議決権を限定することになり，政策過程における首長と議会の機関対立の形骸化がますます進むことが危惧される。

　そもそも，議員定数も議員報酬も，条例で定めるものであって，議員定数を少数とするか多数とするか，議員報酬を生活給の水準とするか副収入的水準とするかは，本来自治体が自由に選択できるものである。また，議会参画員についても，本会議の審議への参画にこだわらなければ，議員と住民の議論の場の設置は現行制度でも十分に可能であるし，多くの自治体議会において取組みが進められてきた。議員定数・議員報酬にせよ，議会における住民参加にせよ，議会と住民の結合を改めるものであって，国が一体的なパッケージを提示し選択を迫るべき問題ではなく，各自治体の議会自身がそのあり方を模索し，住民に示していくことが求められる[10]。

---

10)　この点は，議会改革を進めてきた自治体議会において，十分に認識されていることが伺える。例えば，喬木村議会では，本報告書に対する議員の意見を集約し公表しているが，「どちらも喬木村には当てはまらず，現行のまま喬木モデルをつくるべき」「現行の議会改革を発展させることを前提に，本村の実情を鑑みることにより，充実・活性化を図ることが望ましい」といった意見が見られる（http://www.vill.takagi.nagano.jp/docsGikai/2018072100021/files/arakatakennkyukaiikensyuuyaku.pdf，最終閲覧日：2022年11月1日）。
　なお，喬木村議会では，委員会に案件を付託する際に議員の意見を集約した資料を作成し公表したり，本会議の一般質問通告書を公表したりすることで議会の審議過程の「見える化」を図っている。また，休日・夜間議会化を進め，定例会終了後に全議員で総括を行い集約した意見を公表するなど，独自の議会のイノベーションに向けた取組みを進めており，注目される。

実際に，自治体議会改革が進められるなかで，そのような議会が全国で登場してきており，信州の自治体議会においても，議会のイノベーションが模索されている。以下では，むらびと会議という独自の取組みを模索している長野県宮田村議会を事例に，議会のイノベーションの方向性を検討したい[11]。

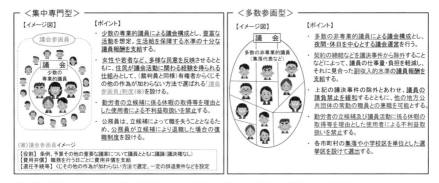

（出所）総務省（2018）「町村議会のあり方に関する研究会報告書の概要」（https://www.soumu.go.jp/main_content/000540609.pdf，最終閲覧日：2022年11月1日）

議会と住民の新結合のあり方を考える

（1）　宮田村議会における独自の議会のイノベーションの模索

A　むらづくり基本条例における議会の責務の明確化

　宮田村は，人口8,855人（住民基本台帳人口，2022年11月1日現在），面積

11）　以下の記述にあたっては，2022年8月4日に宮田村議会の天野早人議長及び鈴木仁議会事務局長に実地調査に協力いただくとともに，多くの資料を提供いただいた。また，同年11月19日に開催された第3回むらびと会議（一般の部）に参加させていただく機会を得た。厚く御礼を申し上げたい。なお，本章の記述は筆者が解釈，執筆したものであり，残り得る誤りはすべて筆者の責任である。

54.5㎢の上伊那郡中央部に位置する村である。その多くを中央アルプスの山地が占め，生活圏が半径2km圏内におさまっているという特徴をもち，「小さくてもキラリと輝くコンパクトヴィレッジ『住みたい，住んでよかった，住み続けたい宮田村』」（宮田村第6次総合計画）を目標として地域づくりを進めている。また，昭和の大合併期の1954年に，一度合併により駒ケ根市宮田になったものの，コンパクトな村の自治をめざして，1956年に分市して再度宮田村になり，平成の大合併においても非合併を選択したという自治の歩みをもつ[12]。

　宮田村議会では，2009年に議会活性化研究会を設置して以降，継続的に議会改革に取り組んできた。そのなかで，北海道栗山町を嚆矢として，全国に広がりつつあった議会基本条例の制定が検討されたが，「村づくりは議会だけで進めるものではなく，住民，行政，そして議会が一体となって，また，それぞれが活躍する中で進めるものである」[13]との認識から，自治基本条例の検討に舵を切り，2014年に，議会からの働きかけによって，自治基本条例の検討がはじまる。その後，住民・議会・行政の三者がそれぞれの部会を立ち上げ条文の検討を進めるとともに，策定委員会において三者の協議を続け，2016年に「宮田村むらづくり基本条例」が施行された。

　この条例では，第3章に「議会」の章を設けており，宮田村における議会と住民の新結合の方向性が示されている（**図表7-4**）。すなわち，住民代表機関として，行政運営の監視・評価と積極的な政策形成を担うことで，「むらづくりの充実」をもたらすことが議会の責務であることを明記する（宮田村むらづくり基本条例8条1項）。そこでは，議論を尽くした合意形成と情報公開を通じた「村民への説明責任」（同8条2項）を果たし，村民に信頼される「村民に開かれた議会」（同8条3項）を目指す。このような議会像を実現するために，村民の多様な意見を把握する「参加機会の拡充」（同10条）と「議会の

12)　宮田村の合併と分市の経緯は，山岸絵美理（2015）「市町村の区域再編に関する一考察」『政治学研究論集』41号，57〜73頁及びクラーマースベン（2020）『「昭和の大合併」と住民帰属意識』九州大学出版会を参照。
13)　宮田村議会「宮田村議会　議会改革の取り組み」1頁（https://www.vill.miyada.nagano.jp/ck/2/files/66345a09506a256f4.pdf，最終閲覧日：2022年11月1日）。

機能強化」（同11条）に努める。

図表7−4　宮田村むらづくり基本条例における議会の諸規定

(議会の役割及び責務)
第8条　議会は，選挙によって選ばれた議員で構成される意思決定機関として，行政運営が適切に行われているかを監視し，及び評価するとともに，積極的な政策立案と政策提言を通じて，むらづくりの充実に努めなければならない。
　2　議会は，議案の審議に当たっては，議員間の討議を通じて，議論を尽くした合意形成に努めるとともに，審議等の情報を積極的に公開及び発信し，村民への説明責任を果たすよう努めなければならない。
　3　議会は，この条例を遵守し，村民に信頼されるために，公正性，透明性及び信頼性を高めるとともに，村民に開かれた議会運営に努めなければならない。
(議員の役割及び責務)
第9条　議員は，村民の代表として，村民の意見の把握に努めるとともに，自らの活動を村民に分かりやすく説明するよう努めなければならない。
　2　議員は，村民の代表として，政治倫理を自覚し，村民からの信頼確保に努めなければならない。
　3　議員は，誠実に職務を遂行するとともに，自らの資質の向上を図るよう努めなければならない。
(議会への村民参加)
第10条　議会は，村民の多様な意見を把握するため，村民が参加する機会の拡充に努めなければならない。
(議会の機能強化)
第11条　議会は，第8条の役割及び責務を果たすため，議会の機能の強化に努めなければならない。

　むらづくり基本条例は，「宮田村におけるむらづくりの基本となる条例」であり，これらの規定は，自治体運営における議会の役割と責務をいわば自治の規範として確立するものである。基本条例の制定によって，議会改革は議会だけの取組みにとどまらず，住民・議会・行政の三者によってその方向性が共有され，評価されることになる。住民は，条例改廃の直接請求権（地方自治法74条）を行使することも可能である。このように，条例化の意義は大きい。
　基本条例の規定は，議会が住民と交わした約束と捉えることができる。実際に，基本条例の制定以降，宮田村議会の取組みはさらに加速する。2016年に「広報広聴条例」を制定し，住民参加の検討・推進体制が整備される。この会

議において，これまで実施してきた各種団体との懇談会のあり方の検討が進められ，各行政区の区長とワークショップ形式で政策課題を検討する「議会と語ろう会」の開催等の住民参加の模索を経て，議会が各地区に出向いて村政に関する意見交換を行う「議会懇談会」の制度化につながっていく。この議会懇談会は，むらづくり基本条例を受けて住民・議会・行政の三者による検討を経て2020年に制定された「住民参加の推進に関する条例」に明記され，住民（5人以上）による開催請求権も盛り込まれた。併せて，議会の機能強化についても，機能強化特別委員会が設置され検討が進められている。

B　議会における住民参加の模索と「むらびと会議」

　一方，議会懇談会だけでは，議会と住民が議論する場として不十分であるという認識から，さらなる取組みが模索された結果，2021年度からはじまったのが，「むらびと会議」である。むらびと会議は，原則として公募によって選出された30人以内の委員によって構成され（むらびと会議要綱3条及び5条），宮田村の住民であって，議会活動及び村政に関心がある者が公募することができる（同4条）。むらびと会議の任務は，①議会活動，②議会だより，③議会懇親会，④議会の住民参加に関する評価及び提言を行うとともに，⑤その他議長が必要と認めた事項について検討を行うことである（同2条）。⑤には，村政の政策課題に対する検討が含まれる。

　設置初年度の2021年度は，新型コロナウイルス感染症の拡大の影響から，当初の予定通りの開催は叶わなかったが，16人の一般委員と14人の高校生委員が委嘱され，一般の部で2回，高校生の部で3回の会議が開催された。一般の部では村政の課題に対する議員と委員との座談会，高校生の部では議会だよりの評価と改善に向けた活動が行われた。

　むらびと会議が本格的に開催される2022年度は，11人の一般委員と6人の高校生委員が委嘱され，一般の部で5回，高校生の部で4回の開催が予定されている。高校生の部では，住民が親しみやすい議会だよりづくりの検討が行われ，高校生委員がデザインし構成した議会だよりが発行されている。一般の部では，

2022年11月20日現在，3回の会議が開催されており，第2回及び第3回において議員と住民の議論が行われた。

　第2回では，①「活力があふれ，子育て支援日本一を目指す村づくり」，②「あたたかさを届ける協働の村づくり」という村政の2つのテーマについてワークショップを行い，様々な課題が提起されている。また，第3回では，住民と議員がこれからの議会のあり方を考えることをテーマに，議会・議員に期待することは何かをワークショップで検討している。第4回では議員のなり手不足を踏まえた議会・議員と住民の関係づくりをテーマにした検討，第5回では住民による議会評価に取り組み，その成果を取りまとめる予定である。

(2)　宮田村議会の取組みの意義と議会のイノベーションの方向性

　このような宮田村議会の取組みは，議会と住民の新結合という観点からどのように評価することができるであろうか。他の自治体議会と同様に，宮田村議会においても，議員構成の偏りが見られる。議員の平均年齢は63.8歳と高齢化の傾向にあり，女性議員比率も8.3％にとどまっている[14]。こうしたなかで，むらびと会議の取組みは，多元的な民意の反映の実現に資する議会のイノベーションの試みである。

　多元的な民意の反映は，①議会における多元的な民意の把握，②審議過程における多元的な民意の表出と討議による政策形成，③多元的な民意を反映した議決（意思決定）という3つの段階を経て実現されると考えられる。まず，①に関して，むらびと会議における議員と住民委員の議論は，議員構成からは必ずしも代表されない民意を議会が機関として把握することにつながるものである。例えば，2022年度のむらびと会議一般委員の女性比率は66.7％である。

　また，③に関して，多元的な民意を反映した議決が保障されるには，結局のところ議員構成が地域社会の構成を一定程度反映している必要がある。だから

---

14)　2020年7月1日現在。宮田村議会「宮田村議会のしおり　第3版」8頁。

こそ，特定の階層しか議員に立候補できない状況，ひいては議員のなり手不足が問題となるのである。むらびと会議は，この問題に対して直接的な解決策を提供するものではないが，議員のなり手の裾野を広げることにつながりうる。むらびと会議への参加を通じて，住民が地域の政治に自覚的になり，主権者意識が高まることが期待されるからである。

　先述のように，今日，議会が必ずしも期待されている役割を果たせていない現状が住民の関心低下をもたらし，関心が低いなかではなり手不足や議会の活性化のための条件整備が理解を得られず，不十分な議会活動や住民の低い関心が継続するという悪循環が見られることを指摘した。宮田村議会の取組みは，多元的な民意の反映を強化する議会の活性化と，住民の関心の惹起という両面から，こうした悪循環を好循環に転換する契機となるものとして評価することができる。なお，宮田村議会では，むらびと会議と並行して，議員のなり手不足の対応策の検討のための議会活動量調査を進めており，条件整備に向けた議論の進展も期待される。宮田村議会の取組みは，"行革の論理"の陥穽に陥る持続可能な議会モデルに対する，地域の自治の実践に根差した対案なのである。

(3)　議会のイノベーションから議会によるイノベーションへ

　一方で，宮田村議会の取組みには課題も残されている。上述した②審議過程における多元的な民意の表出と討議による政策形成である。議会が多元的な民意の把握を進めれば進めるほど，住民の意見が政策形成や決定においてどのように扱われ，どの程度反映されたのかが問われることになる。したがって，議会のイノベーションでは，政策過程における議会の権限と政策能力の強化もまた必要となる。

　このように考えると，自治体議会においては，本章で論じてきた多元的な民意の反映のための議会のイノベーションを前提にしつつ，次の一歩として，議会による政策のイノベーションを展開していくことが期待される。実際に，いくつかの自治体において，そのような取組みが模索されつつある。例えば，自治体議会改革を先導してきた北海道栗山町議会では，住民参加のもとで議会が

主導して総合計画を検討する試みが進められている。また，信州の飯綱町議会においても，議会が住民とともに特定のテーマについて研究を行い，町長への政策提言書の提出や議員提案による条例の制定につなげる議会政策サポーター制度を創設している[15]。こうした事例に学びつつ，各自治体において議会と住民がともに歩みながら議会のあり方を問い直し，イノベーションを活発に展開していくことを期待して，本章を終えたい。

■参考文献————————
相川俊英（2017）『地方議会を再生する』集英社新書
今川晃・牛山久仁彦・村上順編著（2007）『分権時代の地方自治』三省堂
クラーマースベン（2020）『「昭和の大合併」と住民帰属意識』九州大学出版会
シュムペーター著，塩野谷祐一・中山伊知郎・東畑精一訳（1977）『経済発展の理論（上）』岩波文庫
曽我謙悟（2019）『日本の地方政府』中公新書
町村議会議員の議員報酬等のあり方検討委員会（2019）「町村議会議員の議員報酬等のあり方　最終報告」
土井教之・宮田由紀夫編著（2015）『イノベーション論入門』中央経済社
東京都議会議会局調査部（1971）「首長主義と地方議会－制度とその実際」
東京都都民生活局（1977）「都民参加の都政システム」
中邨章監修，牛山久仁彦・廣瀬和彦編（2012）『自治体議会の課題と争点』芦書房
山岸絵美理（2015）「市町村の区域再編に関する一考察」『政治学研究論集』41号
Shugart, Matthew Soberg and John M. Carey（1992）*Presidents and Assemblies.* Cambridge University Press

---

15)　飯綱町議会の議会改革の取組みについては，相川俊英（2017）『地方議会を再生する』集英社新書を参照。

Column Ⅶ

長野県における議員のなり手不足の状況とその対応

　議員のなり手不足問題が注目されているが，信州の自治体議会はどのような状況なのだろうか。下の図表は，直近の議会議員選挙における投票率，無投票当選率，当選の競争倍率を，長野県議会，県内の市議会，町村議会の３つに分けてその平均値を示したものである。

　まず，投票率は，町村が最も高い一方，県は50％を切っている。次に，無投票当選率を見ると，半数に迫る48.28％もの町村議会が無投票となっていることが注視される。なかでも，喬木村と売木村は，立候補者数が少なく定数の1/6以上の欠員が生じ，再選挙を余儀なくされた。県議会においても，４割近い選挙区が無投票当選である。市議会は，15.79％にとどまっているものの，全国的に市区議会の無投票当選率は相当程度低い傾向にあることを踏まえれば，決して楽観できる数値ではない。一方，競争倍率は，いずれも全国の数値と同程度ないし若干低い程度であるが，選挙が実施された選挙区・自治体においても，定数と同数に近い立候補者数にとどまっている状況が見て取れる。

長野県内自治体の直近の議員選挙における投票率・無投票当選率・競争倍率

	平均投票率※注1	無投票当選率※注2	平均競争倍率※注3
県（23選挙区）	48.83%	39.13%	1.38
市（19自治体）	54.91%	15.79%	1.14
町村（58自治体）	56.44%	48.28%	1.07

注1）投票が行われた選挙区・自治体の投票率の平均値を記載。
注2）選挙区の総数に占める無投票となった選挙区の割合を記載。
注3）無投票であった選挙区・自治体を含め，定数に対する立候補者数の割合を算出し，その平均値を記載。
（出所）各自治体の選挙管理委員会の公表結果（確定値）を基に筆者作成（2022年11月1日現在）

特に町村議会においては，議員報酬額の低さが議員のなり手不足の要因になっていることが指摘されている。こうしたなかで，生坂村議会では，2020年に，若い世代の立候補を促すことを目的として，56歳未満の議員報酬額を月額18万円から30万円に引き上げている。また，中川村議会では，2022年に，議員の年齢に応じて報酬額を加算する制度を導入した。月額17万5,000円をベースに，加算額は35〜39歳で月額1万5,000円，40〜44歳で4万4,000円，45〜49歳で6万3,000円，50〜59歳で7万1,000円である。

　住民に直接公選され，その意味で対等なはずの議員の報酬を，議員の属性に応じて加算・減額することが果たしていかなる法理から許容できるのか，課題は大きい。一方で，地域の実情を踏まえつつ，議員のなり手不足の解消策を導き出すことが，もはや待ったなしの課題であることもまた事実であろう。

第8章

「学生起業」が生み出される 地域の関係性
——長野県立大学の学生が生み出した3事業を事例として

　長野県立大学は，2018年4月に開学した4年制公立大学である。開学からこれまでに，一期生を中心として学生によって多くのプロジェクトが生まれ，地域にも変化の波を起こし始めている。本章では，当事者である学生起業家の目線から，学生たちによる「起業」がどのようにして起こっていったのかについて紐解いていく。

Key Words

学生起業，　アントレプレナーシップ，　起業家支援エコシステム，
エコトーン，　ソース原理

はじめに

　本章は，長野県立大学一期生であり「学生起業家」の当事者である川向思季さんが，当事者の目線から，学生たちがどのように地域の人々との関係性を築き，起業へのプロセスを歩んできたのかについて分析するものである。学生起業家という当事者の目線だからこそ見えてくる，制度的支援組織と非制度的支

援組織の意義や，地域の人々との関係性の中から生み出されてきた学生たちの動きについて，川向さんがこれまで約4年間で得てきた参与観察の結果と，2022年7-8月に実施した事例となる学生たちへの半構造化インタビューの内容をふまえてソース原理を用いて分析している。

❷ 持続可能な地方地域における大学の役割と若者

(1) 持続可能な地方地域における大学の役割

人口減少と少子高齢化が加速する現代社会において，地域の持続可能性を実現するためには，限られた資源を最適に活用し持続可能な新たなモデルを確立する必要がある。内閣府が2017年に公表した「まち・ひと・しごと創生基本方針[1]」によると，東京圏への転入超過数の大半は15-24歳が占めており，進学や就職などを通じて地方から東京圏へ人口が流出し，その後地方に戻ってきていない。こうした現状に対して，地域社会を支える若者が，地域で活躍しその能力を有効に発揮できるよう，若者の雇用対策や移住促進が政策上の喫緊の重点項目となっている。

内閣府は，2013年から「地方×大学」というテーマで取組みを始めており，地方創生における大学の果たしている役割についての事例集などもまとめている[2]。そこでは「地域の知の拠点」である大学が，地方公共団体や地域企業，NPOなど多様なセクターを越えて共創して地域課題を解決し，地域が求める人材を育成するための教育や出口（卒業後の進路）も含めての若者の地域定着と地域活性を目指すことを目的としている。

1） 内閣官房まち・ひと・しごと創生本部事務局「まち・ひと・しごと創生基本方針2017」https://www.chisou.go.jp/sousei/info/pdf/h29-06-09-kihonhousin2017hontai.pdf（最終閲覧日：2022年10月27日）。

2） 文部科学省（2021年）「大学による地方創生の取組事例集」https://www.mext.go.jp/content/20210511-mxt_koutou01-000014454_1.pdf（2022年10月27日閲覧）。

(2)　「若者」たちの現状

　一方で，「若者」たちの現状について整理しておきたい。ここでは「若者」を，1990年代の終わりから2000年代頭に生まれた現在10代後半から20代前半の大学生世代を「若者」と定義する。この世代は，いわゆる「Z世代」と呼ばれる世代である[3]。Z世代の特徴として，物心ついた時からスマホやSNSが当たり前のように存在するデジタルネイティブであることや，多様性を当たり前として受け入れている世代であり，その中で「自分らしさ」を大切にしている傾向が強いと言われる[4]。Z世代の当事者である筆者（川向）の立場から見ても，環境問題やLGBTQなどの社会課題を身近に感じると共に，他世代と比較するとインターネットや学校教育の影響により，ダイバーシティとインクルージョンなどを重んじる傾向があると感じている。さらに，2020年から世界中に影響を与えた新型コロナウイルスの感染拡大の影響を，新たな人間関係を築いていくタイミングである高校・大学の時に受けた世代であるとも言える。

3　長野県立大学の開学と在学生の特徴

　長野県も日本全国の他地方地域と同様に，若者の流出による生産人口割合の減少が課題となっており，地域創生のアプローチの一つとして「人材育成」を重視して様々な取組みを行ってきている。取組みの一環として，2018年4月に長野県立短期大学を4年制化し，長野県立大学を開学した[5]。「ビジネスや公共

3）　d's JOURNAL「Z世代の特徴は？　ミレニアル世代と何が違う？　働き方や仕事観についてわかりやすく解説」（2022年3月）https://www.dodadsj.com/content/0329_generation-z/（最終閲覧日：2022年10月27日）。
4）　原田曜平（2022年9月）「大学は「Z世代」を正しく理解できているか「チル＆ミー」を大切な価値観とするZ世代」リクルート カレッジマネジメント。https://souken.shingakunet.com/publication/college_m/2022_RCM233/2022_RCM233_36.pdf，（最終閲覧日：2022年9月25日）。

の分野でイノベーションを創出できる自立した人材を育成する」ことを目指して開学した長野県立大学は，1学年240人程度[6]と小規模大学であるものの，入学者数の半数が42都道府県から集まる県外出身の学生となっており，全国的な人気がある。

　長野県のイノベーション拠点を目指す長野県立大学の理事長には，元ソニー社長の安藤国威氏が起用されている[7]。この起用からもわかるように，学生たちには，自ら未来を切り拓き地域社会のアントレプレナーとなることが期待されている。ビジネスや公共の分野でイノベーションを創出できる自立した人材を育成する「リーダー輩出」「地域イノベーション」「グローバル発信」という3つのキーワードがカリキュラムの礎となっている。その中でもアントレプレナーシップ（起業家/企業家精神）の育成として特徴的なものを下記に取り上げる（**図表8－1**）。

　長野県立大学は，設立目的である「イノベーションを創発できる人材」の育成のために，グローバルマネジメント学部に企（起）業家コースが存在する[8]。企（起）業家コースは，行政や大企業に依存しない自立した地域経済圏の構築の担い手であると同時に，地域からイノベーションを創発する人材の育成を目的としている。またもう一つの特徴として，大学内部にソーシャル・イノベー

5）　長野県立大学HP https://www.u-nagano.ac.jp/about/outline/history/（最終閲覧日：2022年10月25日）。

6）　グローバルマネジメント学部170人，健康発達学部70人。

7）　安藤氏はソニー株式会社にてパソコンのVAIOの開発・事業化を主導し，2000～2005年にソニー株式会社の社長兼COOを務め，ソニー生命保険名誉会長（2014年）である。
　（1994年6月：ソニー取締役，1997年6月：取締役退任，2003年4月：取締役執行役員社長，グループ最高執行責任者，2003年6月：取締役代表執行役社長，2007年：ソニー生命保険代表取締役会長）。

8）　2018年の開学から2022年現在までに，企（起）業家コース選択者はグローバルマネジメント学部の16％（27名）程度である。このコースを選択する学生は，起業に興味関心のある学生だけでなく将来的に家業を継承する学生も一定数存在している。また，1年次が全寮制，2年次の留学プログラムが必修科目としてあり，それを目的に入学する学生も多いことに加えて，開学5年目と歴史も浅いということもあり，学生の性格の傾向については比較的社交的で，チャレンジ精神のある好奇心が旺盛な学生も多い。開学したばかりの大学ではあるが，学生が地域社会で授業での学びを実践し，地域活動や起業活動に相次いで取り組んでおり，地域に今までにない新しい風が吹き込んでいる。

図表8-1 長野県立大学のアントレプレナーシップ育成の軸となる場・カリキュラム

後町キャンパス	【象山寮・CSI（ソーシャル・イノベーション創出センター)】 長野市中心地区に位置する教育寮であり，全寮制である1年生が暮らす16人ごとのユニットの他，寮生たちとの交流の場や学修の場としてのラーニング・ハブ，地域に開かれた場としてのCSIやホールがある。
学部内コース	【企（起）業家コース】 ソーシャル・ビジネス論，マーケティング論，リーダーシップ論などの基礎的理論，ビジネス・プラン作成や経営分析方法に加え，自分の存在意義を明確に意識した起業家マインドを育む。
授業	【象山学】 グローバルマネジメント学部1年次の必修授業。社会をより良い方向に変えようとしている著名なイノベーターによる講義とグループごとの議論を繰り返す。 【アントレプレナーシップ】 グローバルマネジメント学部1年次の必修授業。アントレプレナーシップの現象や構造，地域や社会との関係性について事例学習や対話を通し，アントレプレナーの役割と必要な要素を学ぶ。 【ソーシャルビジネスプランニング】 グローバルマネジメント学部3年次の授業。ビジネスプラン作成における基本的学習から自らの事業立案までを，レクチャーに加えて個人ワークとグループワークを通して学ぶ。
センター	【CSI（ソーシャル・イノベーション創出センター)】 社会的課題に取り組む事業者・創業者などの支援や地域との連携を通して持続可能な世界の構築に向けて，公開講座や産学連携をはじめとした様々な取組みが行われている。連携している地域コーディネーター等に事業の具体的な相談を行うことができる。

（出所）長野県立大学ホームページ

ション創出センター（Center for Social innovation Initiatives：CSI）を設置している。CSIは，地域連携をベースとしたオープンイノベーションの拠点として，本学の目的を達成する中核拠点として整備されている。

4 分析フレームワーク
——ソース原理と地域エコシステム

　イギリスの思想家であるピーター（Peter Koenig）が，2010年頃からワークショップを通じて提唱してきた「ソース原理（Source Principle）」という考え方がある。この原理についてワークショップ受講者であるトム（Tom Nixion）らが書籍化し，ヨーロッパを中心に考え方が広まっており，2022年10月には日本でも翻訳版の書籍が刊行されている[9]。「ソース原理」は，複雑な社会の中で変化を読み解き新たな価値の流れを生み出すアントレプレナーシップを読み解くきっかけとして，実務家を中心としてその有用性が認められている。

　ソース原理の提唱者であるピーターは，「ビジョンを実現する方法の核は組織そのものではなく，その奥にあるアイディアを実現するという創造的なプロセスに焦点を当てること，そのプロセスにおいてひとりの人物が特別に持つオーサーシップや責任であるソースの役割を認識することが重要である」と説く[10]。ソース原理は仲間たちとの良いコミュニティを作るだけでなく，ビジョンの実現に集中して取り組み続けること，ビジョンの実現に向けてお金とうまく付き合うこと，創業者が自身の旅を終えた時に開放感を得られることなどビジョンを実現する上で起こる様々な活動の手がかりとなる。

　人のあらゆる活動においてひとりの個人が重要な役割を担っているという考え方であるソース原理では，この活動を起こすひとりのことを「ソース」と呼ぶ。ソースは，「傷つくかもしれないリスクを負いながら，最初の一歩を踏み出した創業者」と定義される[11]。このソースが，あるアイデアを実現するための最初のリスクを取り，無防備な一歩を踏み出したとき（イニシアチブ）に自

---

9 ）　Tom Nixion（2021），Work with Source，（山田裕嗣・青野英明・嘉村賢州（監訳）（2022）『すべては1人から始まる』英治出版）。
10）　同上。
11）　同上，64頁。

然に生まれるのがソースの役割である。ソースは，未来のための次の一歩を明らかにし，ビジョンを実現するのに必要な人やリソースを引き寄せ，実際に様々なことが具現化する空間（クリエイティブ・フィールド）を保持する存在であり，同時にこの空間の境界線や方向性に高い感度を持っている。そのためその空間から外れることは察知できるが，正しい判断ができるとは限らない。リスクの高い一歩目を踏み出し，アイデアを具現化するための物語を描くことがソース原理を活かすことへとつながる（**図表8－2**）。ソース原理では，さらにソースが外向きのクリエイティブなプロセスだけではなく，内向きの自己開発に取り組む重要性を強調している。

図表8－2 ソース原理の全体像について[12]

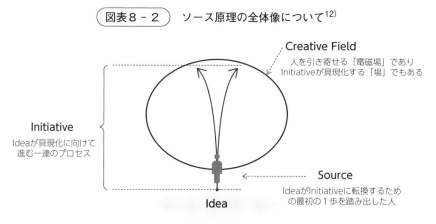

（出所）令三社「Source Principle（ソース原理）とは？」より

　ソース原理に基づいて，長野県立大学の学生たちが始めたプロジェクトあるいは起業活動までの経緯について，筆者の4年半に渡る参与観察に加えて，学生起業家である6人に対して半構造的なライフ・ストーリー・インタビューを実施した結果を以下で分析していく。ソース原理を使用するのは，「起業」と

---

12) 令三社「Source Principle（ソース原理）とは？」(2021/12/27) https://r3s.jp/magazine/jp/source_principle（最終閲覧日：2022年10月20日）。

いう側面だけを学生から切り取っての分析ではなく，長野県立大学の学生であり「若者」である彼らが，ひとりの人間としてどのように暮らし，自分のアイデアを具現化し，一歩踏み出していったのかについて明らかにしていくことを目指すためである。そしてソースとしての若者がイニシアチブを具現化する場であるクリエイティブ・フィールドにおいて，事業性を伴う「外向きの創作的な活動」に加えて，個々の「内向きな取組み」における地域資源の導入について分析する。それにより，学生起業の取組みの中で，学生たちがどのように地域と関係性を築き，地域資源を活用したのか，地域のエコシステムとソースの関係性を考察する。

5 「ソース」である学生に影響を与えた地域のつながり

(1) 調査対象と調査方法

調査は，参与観察・半構造的インタビュー・アンケートの3つの方法で行い（図表8－3），その結果をソース原理の考え方に基づいて分析した。分析にあたって，学生たち一人ひとりの時系列における「イニシアチブ」「クリエイティブ・フィールド」の変化や，それぞれがどのような関係性を地域の人々と築いたかを質的に分析していくため，主に調査2の結果を用いて行っている。

図表8－3　実施した調査と調査対象者

調査概要【調査方法】【調査対象者との関係性】		
対象者	調査方法	調査年度
プロジェクト活動をする長野県立大学生 （12プロジェクト，47名）（うち調査方法1該当者6名）	参与観察	2018 －2022
【調査方法】 2018年から起業活動に類似した学生の取組みの観察を基盤に，2021年4月に調査対象大学の学生に聞き込み調査を行い，プロジェクト活動に向けて情報収集をして		

調査1	いる学生やすでに自分自身でプロジェクト等の活動を行っている学生として名前が挙がった21名に加え，彼らの諸活動を参与観察する中で認知することができた26名を加えた，総勢47名の学生に特に注目し調査を進めた。 流動性の高い調査対象者の情報収集として，プロジェクトや起業活動等のSNS発信，新聞やテレビ等のメディア露出，開催イベントやポップアップ出店時のフィールド調査を基本とし，参与観察を行った。		
調査2	長野県立大学の学生起業家 （3事業，6人）	インタビュー	2022
	【調査方法】 調査1の参与観察をする中で見えてきた事業化に成功している3つの事業の立ち上げメンバーの過半数にインタビューを行った。事業化の成功については，顧客・提供価値・収益構造・継続意志の観点から総合的に判断した。		
調査3	地域実践型インターンシップin長野 参加者 （7事業者，15名）（うち長野県立大学生4名）	参与観察 アンケート	2022
	【調査方法】 長野市が，スタートアップの立ち上げや地域課題をはじめとする社会課題のソリューションの量産を目指して実施する「NAGANO STARTUP STUDIO」事業の一環として実施された，地域実践型インターンシップin長野の取組みを観察した。長野市内で挑戦し続ける企業の経営者やリーダーの右腕として，大学生が夏休みの1ヵ月間，経営者が新たに立ち上げたい新規事業のプロジェクトに挑戦するプログラムであった。県内と市内から学生が参加し，事前事後のアンケートを行い新規事業や起業家へのインターンシップが学生らにとってどのような影響を及ぼすのか観察した。		

(2)　学生の声から見える「起業」の定義

　学生起業とは，「学生として学校に所属しながら自ら事業を起こしたり始めたりすること」を指す。2017年就業構造基本調査によると，在学中の起業者は約6,900人と言われる[13]。学生の起業意識についても，在学中に学生の起業への興味や意識が徐々に高まっていることがわかっている。こうした起業に対する意識の変化について，2022年の意識調査によると，起業思考に影響する最も多い背景は「好きなことをしたい」という結果が見えてきている[14]。

13)　中小企業庁『2017年版小規模企業白書』。https://www.chusho.meti.go.jp/pamflet/hakusyo/H29/h29/shoukibodeta/html/b2_1_1_1.html
14)　西原文乃（2022）「Z世代の起業の研究：知識創造理論の観点から」『立教ビジネスレビュー』15，11-21頁。

調査3によると，約46%の学生が起業の定義や意味について「自分の願望や夢を実現するための一つの方法」と回答し，自分自身の気持ちや行動によって起業を定義付けしている。一方で，約40%の学生が「株式会社，合同会社などをつくっている（法人登記をしている）」「個人事業主として開業届を出している」など制度的な側面で起業を定義しており，約25%の学生が「チームをつくって定期的な収益をあげている」等，周囲を巻き込み組織的な動きをすることについて起業を定義している。また，約20%の学生は「課題解決の手段」と起業することを捉えていた。

起業を取り巻くプロセスは，個人が持つ資質に加えて，個人が育ってきた環境，個人がどのようにリソースを得たのかなど，様々な要素が時系列の中で複雑に絡み合った結果であるため，起業プロセスのモデル化や類型化は極めて困難である。学生起業においても同様に多様であるため，客観的に起業活動（起業意志+事業活動）を捉えることは難しく，本調査をする中でも，いつから起業意志が生まれたのか，どこから起業活動なのかを起業家自身も明確に捉えている様子はなかった。

調査1及び2の学生の取組みの場合，大学の授業の延長で地域のイベントに参加しながら人脈を広げている様子や地域ボランティアへの参画など事業性を伴わない活動を繰り返す様子が見られる。そこから自分自身ができることとして野菜や衣類などを販売するなど，通常のビジネスプロセスとは異なり取組みを実験的に行う中で事業性を見出していた。

(3) 3つの事業におけるイニシアチブとクリエイティブ・フィールド

図表8－4に整理したのは，調査2のインタビューを実施した長野県立大学一期生の学生起業家たちの3事業の取組みである。この3つを事例に選んだのは，短期的ではなく，立ち上げメンバーから卒業生が出てからも事業として継続しているという理由からである。この3つの取組みを，ソース原理に基づき，「イニシアチブ」と「クリエイティブ・フィールド」に，以下整理した。彼ら

（図表8-4）　ソース原理に基づいた3つの事例についての整理

団体名・活動形態	古着屋TRIANGLE 個人事業/小売業 3名	ODDO coffee 個人事業/飲食業 2→4名	合同会社キキ 合同会社/サービス業 2名
イニシアチブ	2018年11月地域商店にてプロジェクトメンバー3名がインターン生として参画。2019年2月古着屋プロジェクトを開始。2019年8月地域企業の支援を受け，実店舗の運営を開始。2019年12月地域の複数同業者と共同しマーケットイベントを開催。2021年3月オンラインショップ立ち上げ。2022年4月古着のウエディングドレスを用いたウエディングフォト/プロデュースの共同事業「Nnu（ンヌ）」を開始。2022年4月上田市にて姉妹店古着屋ヒノメがオープン。	2020年4月大学内の飲食（カフェ）のコミュニティ（サークル）を立ち上げる。2020年4月オンラインショップを立ち上げ。2020年6月オンラインショップにて販売開始。2020年8月露店営業を開始。2021年3月地域企業と共同し実店舗を借り営業開始。2021年6月モーニング営業の開始。2021年11月コーヒーセットのレンタルを開始，豆の卸販売を展開。	2020年9月シェアハウス立ち上げに向けて動き出す。2020年10月メンバーが当時関わっていた地域に住み込み企画会議を行う。2021年3月登記。2021年3月女性向けシェアハウスを開始。2021年6月長野県立大学より委託を受けリビングラボ事業「ハタラクラボ」を実施。2022年3月男性向けシェアハウスを開始。2022年6月長野市/アスク工業株式会社より委託を受け地域実践型インターンシップ事業を開始。
クリエイティブ・フィールド	「眠っている服を次の誰かに」を掲げる新しいスタイルの古着屋。商品はすべて地域の方から寄付して頂いたもので成り立っているドネーション型であり，店舗も商店街近くの蔵をリノベーションした店舗で，次の誰かに引き継ぐことを大切にしている。古着の販売の他，フォトイベントやファッションショーなど古着のかっこよさを伝えるイベントも企画。他地域の学生のドネーション型の古着屋の立ち上げを支援する。	自家焙煎のコーヒー豆の販売やハンドドリップコーヒーの提供をしているコーヒースタンド。セレクトしたコーヒー豆には，生産環境に加えて酸味・甘味・苦味・香り・コクのバランスを色合いで示したオリジナルカードが添えられている。ハンドドリップコーヒーをより多くの人に届けたいという想いからドリップコーヒー講座やブログ等で伝える。	「こうありたい日常を，自らの手でつくり出す。」をテーマに学生向けのシェアハウスの運営や，働くをテーマに対話をするリビングラボ事業や，長野市のスタートアップの一環としての地域実践型インターンシップのコーディネート等に取り組み，働くや学ぶにおける豊かな関係性をデザインする。

のインタビューから，仲の良い友人，常連客，飲み仲間，良き相談相手などという観点から，お互いの名前が出てくるなど相互に良き仲間であり同志である親密な関係性が見えてきた。

6 ヒアリングから見えてきた共通項

調査を行った結果，成功した学生起業家たちはプロジェクト活動や起業活動といった外向きの「クリエイティブなプロセス」，自分の行動パターンや思考パターンからの逸脱や自己認識を深めるといった内向きの「自己開発のプロセス」，どちらにおいても地域からの資源を活用し立ち上げていることがわかった。そして活動に取り組む学生たちから，支援者として名前が挙がった人々には学生らとの関係性の築き方に共通点が見られた。以下では，調査2で取り上げた3つの事業者を中心に，①外向きのプロジェクト活動や事業活動における資源動員，②内向きの自己開発における資源動員，③支援者と学生らの関係性についてまとめる。

(1) 外向きのプロジェクト活動や事業活動における資源動員

はじめに3つの事業の活動における資源動員をヒト・モノ・情報・カネの視点からまとめた（**図表8-5**）。

プロジェクト活動立ち上げ期に，地域商店にておおよそ半年近くインターンシップ，知人の協力を得て古着や物流業界でのスタディツアー，大手チェーン店でのアルバイト経験，CSIを通して自治体での半年間のインターンシップ，地域コーディネーターの元でインターン，行政の事業への参画など既存の事業者での学びや修業の機会があることがわかった。地域行事での出店の機会や地域企業のお店の路面を借りた販売拠点の拡大を繰り返すなかで，地域企業の支援を受けた店舗や自治体のサポートを受けつつ借りた物件を拠点として事業の

図表 8 - 5　支援内容

		古着屋 TRIANGLE	ODDO coffee	合同会社キキ
ヒト	ノウハウ・スキル	◎	○	◎
	事業アイデア	○	○	○
モノ	土地・建物	◎	◎	◎
	備品	◎	△	○
情報	メディア	◎	◎	○
	事業相談	◎	◎	◎
金	資金調達	△	◎	◎
	事業機会	◎	◎	◎

軸を確立していた。メディア等の動きについても地域商店が出版する本やシティプロモーションでの取り上げ，関係性のある新聞社の取材やインスタグラマーからの投稿など非常に多くの人の力を借りて立ち上げていた。また取組みを進める上での基本的な考え方に大学での授業で得た知識を活用していることもわかった。

　以上3つの例から，大学で学んだことを活かし，地域事業者や住民との中で事業アイデアやそれを実現するためのノウハウを得て，活動/事業に必要な備品や店舗や拠点となる物件を調達し，時に民間のメディアや行政機関の事業相談の追い風を受け，事業性が大きくなっていくにつれて経済的なやりとりも発生するようになっていたことがわかる。また学生らは支援を一方的に受けているわけではなく，通常のボランティアや自治体の交流事業のお手伝いに携わるなど双方向的な応援体制があった。

(2)　内向きの自己開発における資源動員

　ここまで学生起業のプロセスにおいて視覚的に認知可能な人々の行いに目を向けてきた。ここからは学生へのインタビューや参与観察において見えてきた，3つの事業者の自己開発における資源動員を図表8-6にまとめた。

学生の自己開発における資源動員の類型[15]

ロール・モデル	「(〇〇さんのような)「XXX屋さん」に憧れがある」 「出会いで選択肢が広がっていく感じはすごく良かったから…自分にあってたなと思う」 「いろんな大人に会って，こんなふうがいいなって思うのが，等身大で生きていくのがいいなと思って…」 「自分にとっていいなと思う決断をして歩んでいる人にあった」
受け入れと確認	「〇〇さんはたまにご飯食べて，悩み相談をして…ふんふん聞いてくれて，落ち着く…次これで大丈夫かもって思える」 「その人が受け入れてくれる感じは温かいものだったなと思っている」
カウンセリング	「自分が何かやることに対して，これはやらねばと思った」 「「できない」と言ったことを，「まあそうだよね」で受けてくれた」
交友関係	「〇〇さんは信頼度が高かったから，話しかけやすかった...自分たちでわからないことを教えてくれた..」 「歳とか職業が違っても，一緒に遊べるのが楽しかった…」

インタビューの中で地域資源の活動時に学生起業における支援先の中でも頻繁に名前の挙がる人が何名かおり，学生の取組みに非常に近い大人の存在が明らかになった。プロジェクトを立ち上げる前のインターンシップや地域のイベントに参加している中で出会い，一見クリエイティブなプロセスとは関係のないように思える小さな相談から関係性を築き，継続的にコミュニケーションをとっていた。学生の取組みに近い大人は学生らにとって良き指導者，良き理解者，良き支援者といった「メンター[16]」のような役割を感じているものの，学生が慕っているような形で，大人が支援しているとはまた違った関係性があることがわかった。

学生らは自身のメンターへ取組みにおける目標達成やキャリア支援の相談だけでなく，「成長」「尊重」「承認」「安心」「理解」といった心理的安心感を手に入れていた。その多くは公式的な相談の時間ではなく，ご飯を食べに行ったり，予定の時間の前後で近況を報告したり，カフェでお茶の時間をとったりす

---

15) 図表8－6については，インタビュー回答時の口語そのままを記載している。
16) 日本メンタリング・マネジメント協会，「メンタリングとは」https://www.mentoring-mgt.jp/about.html（最終閲覧日：2022年9月20日）。

るなど公私混合とした時間の中で，取組みやそこでの学びをメンターに共有し
感想や共感をもらい，今の自分の立ち位置を認識したり自分の選択を確信して
いた。ある取組みでは起業プロセスへとつながる活動の前から地域活動や既存
の事業へ参画することでメンターと出会い，1〜2年近く相談と雑談を繰り返
すなかで新しい自分と出会い，事業を生み出している学生もいた。メンターの
ような存在から受け取ると言うより見出している様子が見られた。

(3) 支援者と学生の関係性

　学生たちには，外向きのプロジェクト活動や，事業活動における資源動員，
内向きの自己開発における資源動員において，影響を与えた地域の人々がいた。
こうした地域の人々は，大学機関，行政機関など制度的な支援組織の役割を持
ちながらも，その役割に囚われず一人の人間として学生の取組みを応援してい
る様子が見えた。学生の口から「○○（組織）の人というより，○○さん」と
して，役割ではなく個人の名前として語られる時間が長く，相互に一個人とし
て関心を持ち影響を受け，関係性を育んでいた。

　地域の事業者としての肩書きを持ちながら，学生の取組みを応援していた地
域の人々は，学生を支援の対象としてではなく，「地域や社会をより良い方向
へ動かそうとする仲間」として，あるいは「予測不可能な社会の中で自分のあ
り方を見つめる同志」としてコミュニケーションをとっていた。そのため，設
計された場以外のところでも出会う場面が多く，お互いの存在を認知しており，
学生らは地域の人たちを本音で話せる信頼できる存在と認知し，その人が関わ
る地域企業のイベントにお礼的に出店したり，イベントのお手伝いをしたり，
SNSでの発信を支援していた。

　このように，学生起業家たちの周辺には，学生たちと地域の大人が，それぞ
れの視点から学びを深め，多様な形の資源での相互の応援があったことがわか
る。さらに支援組織・地域企業の役割に囚われず，学生らとの関係が築かれる
ことで，「長野が好きというより，○○さんとかと何かできたら面白そう」な
ど，学生は地域の慣れ親しんでいる人や物に心を惹かれる様子が見られ，それ

が地域への愛着となっていた様子もわかった。

　一方で，一期生だったからこそ，この3事業者のように学生が取組みをする中で地域の人と直接的に繋がる様子が見られてきたとも言え，こうして一期生が生み出した地域の人々とのつながりは，継続されているものの，三期生以降（2021年入学生以降）は，地域の人々とつながり，すでに地域で活動をしている先輩たちがメンターであったり，地域の人々との接続的な役割であったりを果たしていることが多い。

 # 7 「ソース」としての学生たちを取り巻く地域の重要な要素

(1) 学生と地域の人々の間でのエコトーン

　セペル（Sepehr, 2021）らは，イノベーションは「エコシステムではなく，エコトーンから生み出される」としてエコトーンという比喩を使って，イノベーション創出について言及している[17]。エコトーンとは境界が曖昧であり，相互に影響しあっている状態である。このことから，ソース原理で見てきたような学生が「個」として地域の人々とつながり，組織という定義を越えて相互に影響しあっている様子は，まさに学生と地域の人々のエコトーンであると考えている。このエコトーンによって，ひとりの人間として多面的な存在である学生たちは，地域の人々とつながり，組織を越えて資源を譲り受けるなど，やりとりの中から地域の中での資源の再定義が行われることもあった。この動きは，経済的に余裕のない学生たちであっても，「若者」という異なる価値観をもった存在として地域と関係性を構築することで，お金とは異なる価値交換を地域の中で行えてきたということでもある。

　こうした関係性においては，「学生起業家」の一面をもつ，学生あるいは若

---

17)　Ghazinoory, Sepehr (2021), "Innovation lives in ecotones, not ecosystems", *Journal of Business Research Volume 135*, October 2021, Pages 572-580

者一人ひとりの特徴や違い，変動性や複雑性を受容し合える「斜めの関係性」が必要である。この「斜めの関係性」は，学生と地域の人が対等な関係性の中で，常に相手が何をしたいのか，どうありたいのかに向き合い，寄り添う関係性であると考えている。結果的にこうした学生の動きは，地域に新しい動きを生み出し，高いクリエイティビティを発揮する要因となっており，地域の事業者にとってもポジティブな影響を与えている。こうしたことからも，学生を支援の対象として見るのではなく，それぞれの視点から学びを深め，お互いに価値を感じ応援し合うことで学生と地域の持続可能な関係性が醸成されることの重要性がわかる。

図表8-7 エコトーンとエコシステムの関係性のイメージ

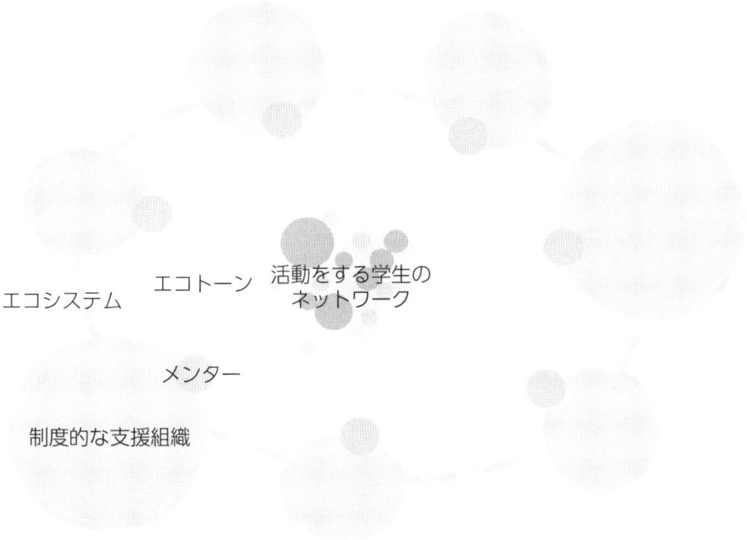

エコシステム　エコトーン　活動をする学生のネットワーク

メンター

制度的な支援組織

（出所）筆者作成

(2) 大学や地域に存在しているエコシステム

エコトーンとしての，学生と地域との交流やつながりの重要性がある一方で，大学や自治体によるエコシステム（制度的な支援の仕組み）も，その存在により学生たちがさらなる一歩踏み出すにあたっての有用な役割を果たしていると言える。長野県が行っている創業支援の仕組みや，長野市が行うスタートアップ支援や異分野の人たちを集める企画，大学が設置しているCSIなどの存在は，イベントなどを通じて学生が地域の人々と出会うきっかけになり，事業収益性などを意識するタイミングで価値を発揮している。

これは，エコトーンが流動的に個と個をつなぎ，学生が自分の内面に向き合いながら，事業としてもフェーズを進めていくのに貢献しているのに対して，こうした制度的支援を含めたイノベーションを支援するプレイヤーたちのエコシステムが存在していることにより，悩むフェーズを抜けてきたタイミングでの受け皿になっているとも言える。

今回インタビューした学生たちの声からは，ソースとして事業を進めていく（イニシアチブ）にあたっての大きな影響を与えた存在として，制度的支援はあまり大きな影響を与えていなかったのが実情ではあるが，実際には事業を進めていく中で，エコトーンを通じて出会った地域の人々とのつながりを紡ぎながら，制度的支援にもリーチしている事例も存在している。

(3) 学生起業家の当事者として――調査を通じて考えていること

自身が学生起業の当事者であり学生起業家の周辺の人々と多くの時間を過ごす中でいろいろな形のプロジェクト活動や事業活動の話を聞いた。彼らは新しい気づきのある冒険の日々を送るなかで，個人の困りごとや顔が見える関係性の社会課題に出会い，探究/創造を繰り返すことで自分の過去とか思考の癖に向き合い，自分と社会を幸せにしていくプロセスを歩んでいた。彼らの周辺で何が起こっているのか，何に意識を向け，どう解釈しているのかに向き合うこ

とで，これからの社会をつくっていくヒントとなるのではと考えている。

 おわりに

　本章は，長野県立大学一期生であり学生起業家である川向さんによる当事者目線から，彼女が行ってきた参与観察及びインタビューなどを当事者及び実務家目線からソース原理を使って分析を試みた。

　当事者目線から見えてくるのは，大学や自治体などが政策も含めて制度的起業家支援を整えることの重要性の一方で，学生と同じ目線で地域を変革する同志として地域の人々が学生と対等に関係性を構築することの重要性であった。起業家支援を行おうとする際，往々にして制度的支援ばかりに目を向けがちだが，その背景には非制度的支援，つまり友人や家族，そして地域の人々からの応援や協力が重要な役割を持っている。これは「起業」という選択肢を選ぶ学生に限らず，その選択に至るまでに，学生たちが様々な社会的関係性を通じて，自分自身に向き合いながら「どう生きていくか」という模索の過程の中で，一つの手段として起業を選択するということの重要性も意味している。

　だからこそ，起業家教育としての教育のあり方についても私たちは再考していかないといけないであろうし，大学教員や自治体職員たちも，組織としての支援の前に，そこに所属する一人ひとりが「個」として地域に入っていくことが求められているのだ[18]。

18）　本章「1　はじめに」「8　おわりに」は渡邉が執筆しているが，2～7については，長野県立大学一期生で現在大学院ソーシャル・イノベーション研究科所属の川向が執筆を担当している。本章全体の構成や調査設計については，川向が渡邉と共に行っており，調査2のインタビューには渡邉も同席している。なお，本章全体について大室教授からアドバイスを頂いて執筆している。

■参考文献────────
Ghazinoory, Sepehr（2021），"Innovation lives in ecotones, not ecosystems", *Journal of Business Research Volume 135*, October 2021, Pages 572-580.
Tom Nixion（2021），Work with Source,（山田裕嗣・青野英明・嘉村賢州（監訳）（2022）『すべては1人から始まる』英治出版）
中山雅之（2019）「スチューデント・アントレプレナーの起業プロセス」『日本ベンチャー学会誌』No.33 March 2019, 41-55頁。
西原文乃（2022）「Z世代の起業の研究─知識創造理論の観点から」『立教ビジネスレビュー』15, 11-21頁。

ColumnⅧ

学生主導で始まったコミュニティ「ついたち会」

　起業に囚われず自分のやりたいことを小さく実践する若者のコミュニティとして，2022年度から「ついたち会」が学生の手によって始まっている。地域で活動していたり，なんとなく興味があったり，そんな人の周りにいたりする若者が毎月1日に集まることからその名前がつけられた。合同会社キキ2021年度リビングラボ委託事業「ハタラクラボ」の一環としてオンライン開催されていたが，2022年度はハタラクラボに関わっていた学生が理事長裁量経費の採択を受け継続して運営に取り組み，ODDO coffeeのスペースにて対面で行われている。

　基本的には招待制で，一度参加した学生による口コミにて広がりを見せている。写真は2022年11月1日の様子。学生が持ち込んだ「つくる人の話」をテーマに輪になって共有する。参加学生も学部1年生から修士1年生まで，大学を横断し集まっている。

第9章

身の丈起業が醸す静かな イノベーション ——小さく始めた事業の姿から

　本章では，開業率が低い長野県内での近年の起業支援策とそれらによる事例を取り上げる。とりわけ，地域の中でUIターン者が起業した小規模な事例「身の丈起業」に注目し，起業経緯も踏まえて事業や取組みから特徴を考察し，未来への手がかりを見出す。

Key Words

身の丈起業，　アントレプレナーシップ，　ソーシャル・ビジネス，
地域おこし協力隊，　UIターン，　生き方働き方，
ソーシャル・イノベーション，　エコシステム，　発酵

1　はじめに

　信州らしいソーシャル・イノベーションへの期待にわくわくしながら，筆者は開学の2018年4月に長野県立大学（以下，本学）に着任した。筆者はこれまで，自身の起業と共に，長く，数多くの社会的な起業・事業創出支援に携わり，社会と経済が激変してきたこの30年余を実務家として過ごしてきた。そのよう

163

な筆者から信州（長野県）を見ると，実に味わい深く魅力的で，しかし事業規模の小さな起業事例を多く目にする。本章では，信州で起こってきている小さな事業の立ち上げ事例を取り上げ，そこから未来への希望の持てる手がかりを考察する。

　本章で扱う事業規模は，年間の事業規模（売上等）が数千万円程度未満で，主たる出資と経営と執行が同一人物によって担われ，雇用等で関わる従業員等が0～数名程度以内という事業で，本章ではこうした事業を志向する起業を「身の丈起業」と呼ぶ。身の丈起業の発想は，2000年頃には存在している[1]。今，改めて注目するのは，ここに可能性を感じているからである。

　本章では，県内に10ある県組織である地域振興局の中から木曽地域振興局の地域を取り上げる。木曽地域を取り上げるのは，同振興局の依頼を受け開学前2017年から，筆者が同地域の起業支援に関わっていることによる。現在では筆者は県内複数の地域振興局や市町村で起業支援に関わっているが，今回は紙幅の関係から他地域事例には触れられない。

　まず，長野県と木曽地域での創業・起業支援施策を概観する。代表施策として，長野県ソーシャル・ビジネス創業支援金制度，地域おこし協力隊制度，振興局独自事業の3つを取り上げる。次に，木曽地域でのUIターン移住者が起業した小規模な事例を，起業の経緯を含めて紹介する。最後に，事例から身の丈起業について考察する。

---

1) 2005年に一橋総合研究所が，特に，サラリーマン人生後半や定年退職後のシニアに注目し，自分のリスクの許容度に見合ったリスクをとる起業を提示しこれを身の丈起業と呼んだ。一橋総合研究所（2005）『「身の丈起業」のすすめ』講談社。

164

2 様々な創業・起業支援制度

(1)　長野県ソーシャル・ビジネス創業支援金

　長野県の開業率（県内企業のうち新たに雇用保険適用事業所となった企業の割合）は，2020年度実績3.80％（全国36位）[2]と低い。県では本課題への施策として，法人事業税免除，創業等相談窓口設置，資金調達支援と並んで，2019年度から長野県ソーシャル・ビジネス創業支援金（以下，SB支援金）を長野県地域課題解決型創業支援事業として実施してきている。

　本事業は，「地域の課題をビジネスの手法で解決するソーシャル・イノベーションによる創業を促進するため，創業に要する経費を補助する」もので，助成限度額200万円，助成率2分の1以内である。起業者には，創業時のまとまった額の支援が魅力である。対象事業は，9つの社会事業分野のいずれかに該当し，地域社会が抱える地域課題の解決に資する事業である。対象者は，対象年度の一定期間内に，開業届（個人事業）もしくは法人等の設立または事業承継・第二創業を行い，その代表となる者である。県外居住者も，期限内に県内に居住登録をすることで対象者となれる。本事業は国補助事業で，公益財団法人長野県産業振興機構の相談員による伴走支援もある。

　2022年度までの状況[3]は4年間の応募数298件，採択公表総数76件，事業地は県内16市9町8村に広がっている。採択公表事例を見ると，人口減少地域での介護タクシー＆キッチンカー販売事業，患者家族滞在型施設運営事業，パン製造販売による買物弱者支援＆地域活性化事業，障がい者（身体・知的・精神障がい者および難病等）の就労支援サービス事業，無薬局村での保険調剤及び

2 ）　長野県「令和4年度しあわせ信州創造プラン2.0政策評価報告書」62頁
　　　https://www.pref.nagano.lg.jp/seisaku-hyoka/hyoka/documents/r04_all.pdf（最終閲覧日：2022年11月20日）。
3 ）　長野県「SB創業支援金について」より。https://www.pref.nagano.lg.jp/keieishien/sangyo/shokogyo/sogyo/sogyouhojokin.html（最終閲覧日：2022年11月20日）。

一般用医薬品等販売事業，病院と兼務の言語聴覚士による気軽な言語発達相談ができるカフェなど，地域課題に注目するからこそ，ニッチであったりスケールが小さかったりし，急速な成長や大きな事業規模を志向する事業計画にはならないものが多い。UIターン移住者による起業も一定数あり，例えば，都内調剤薬局勤務であった薬剤師Su氏が，無薬局村の栄村で移住開業した鈴綺薬局の事例では，地域医療に携わりたい思いから家族で移住しての起業である。

(2) 地域おこし協力隊制度

次に，木曽地域（木曽地域振興局管内）に目を向ける。管内には，木曽郡3町3村（木曽町，上松町，南木曽町，大桑村，木祖村，王滝村）がある。各町村概略は**図表9-1**の通りで，いずれも人口減少，少子化，高い高齢化率を示す。

図表9-1　木曽地域振興局管内の3町3村の概要

自治体名	人口（人）	年齢別割合（%）			地域おこし協力隊員数（人）
		15歳未満	15～64歳	65歳以上	
上松町	3,944	8.6	47.7	43.7	8
南木曽町	3,811	10.6	45.7	43.7	5
木曽町	10,229	8.4	48.2	43.4	10
木祖村	2,589	9.7	45.4	44.9	3
王滝村	700	4.7	50.9	44.3	3
大桑村	3,322	8.3	47.9	43.8	5

（出所）人口：長野県「毎月人口異動調査年齢別人口」（2022年4月分）
　　　　地域おこし協力隊員数：「長野県地域おこし協力隊の広場」（2022年4月）

管内での起業支援は，各基礎自治体（以下，自治体）が実施する支援策と，地域振興局が実施する支援策がある。まず，各自治体共通の支援策「地域おこし協力隊」（以下，協力隊）を概観する。なお，少ないが自治体独自の支援策もある。

　協力隊は，2009年開始の総務省制度で「都市地域から過疎地域等の条件不利地域に住民票を異動し，地域ブランドや地場産品の開発・販売・PR等の地域おこし支援や，農林水産業への従事，住民支援などの「地域協力活動」を行いながら，その地域への定住・定着を図る取組」である。隊員は最大3年未満の期間，自治体から委嘱を受け活動に従事する。隊員1人当たり480万円を上限として国から自治体へ特別交付税措置がある。募集，採用，委嘱，待遇，活動内容（これをミッションという）等は自治体が独自に定め行う。

　長野県内では毎年多くの隊員を受け入れており2022年4月1日現在，県内77自治体のうち71市町村が受け入れ，356名である[4]。木曽地域では全町村で運用し，29名を受け入れている。隊員の起業・事業承継に要する経費補助（1人当たり100万円上限），及び，任期終了後隊員が定住するための空き家の改修に要する経費補助（補助率0.5）も，特別交付税で措置される。

　県全体の隊員の属性は，30代，40代が中心で，任期終了後の県内定着率（任期終了者のうち，活動地域に定住および県内の活動地域外に移住した者の割合）は78.3％である[5]。この定着率は自治体には大きな関心事で，起業・事業承継は重要な手段として意識されている。これは隊員自身にも強く意識されており，全国的な隊員意識調査でも，隊員の半数以上が「起業したい（継業含む）」を選択し，この割合は5年間増加傾向にあり57％（2021年度）まで上がっている[6]。本章で同制度を起業支援と位置付ける理由もここにある。課題も指摘される本制度だが，木曽地域各自治体では積極的に本制度を活用している。なお，商工会も各自治体と連携し起業を支援している。

4）　長野県「地域おこし協力隊の広場」の活動状況より。https://www.pref.nagano.lg.jp/shinko/sainetsu/documents/r4_ukeirejyoukyou.pdf（最終閲覧日：2022年11月20日）。

5）　同上。https://www.pref.nagano.lg.jp/shinko/sainetsu/documents/r4_r3syuryosya_doukou_1.pdf（最終閲覧日：2022年11月20日）。

6）「令和3年度 地域おこし協力隊に関する調査 調査研究報告書」19頁（一般社団法人 移住・交流推進機構，令和4年1月）。http://www.iju-join.jp/f-join/R3kyoryokutai_questionary_report.pdf（最終閲覧日：2022年11月20日）。

(3) 振興局事業 KISO女性・若者起業塾

　次に，木曽地域振興局の独自事業について概観する。同振興局では，独自性を活かした事業として起業支援（社会的起業支援事業）を行っており，筆者が講師として関わっている。2017年，2018年には，起業志向の人々を対象者として起業に向けた交流会と研修会が実施され，2019年以降は毎年「KISO女性・若者起業塾」（以下，起業塾）が開催されている。さらに2020年度以降は卒塾生対象にフォローアップ講座も実施されている。2017年当時の振興局担当者によれば，過去に管内でこのような起業支援を実施したことはなく初の試みであったという。両事業の受講者状況は，起業塾4年間で61名，フォローアップ講座3年間で31名，居住地は管内全町村及び地域外のべ5地域（UIターン起業希望者）である。アンケートでも毎年受講者に好評で，卒塾生口コミもあり受講者が増えている。

　起業塾は，間隔を空けた各半日の計3回で，事業構想検討に重点を置く，いわば起業の事業計画作成前段階を支援する内容である。このように，前段階を支援するのは，筆者の長年の起業支援の経験に基づく。その理由は，事業計画を含む起業の知識や技能に関してはすでに充実した支援策が提供されつつあるという理由以上に，初期段階で自身の姿勢や態度を定め構想を十分検討することが極めて重要だからである。起業者自身が有する内的リソース（資源）を自己認識し，事業を通じて創り出したい未来像を明確に意識し，自身と社会をつなぐアクションが事業内容そのものとなるように早い段階で構想すること（これを筆者は「事業の自分ごと化」と呼んでいる），これが，結果的に起業者自身にとって満足度の高い起業と事業実施につながり，同時に社会に対してインパクトを与える可能性が高まる。こうした傾向を，筆者はこれまでの数多くの起業支援から見出している。

　起業塾卒塾生からは，個人事業を含め少なくとも6名が起業し，所属組織内新規事業立ち上げ1名がいる（この数は追跡が漏れている可能性がある）。事業内容は，デジタルコンテンツクリエイター，食品系コンサルタント，ボタニ

カルパーソナルサービス，Wedding Photoサービス，花卉栽培，ギャラリーカフェなどである。本章執筆にあたり，振興局現担当者M氏に話を伺った。少し長いが引用する。

「木曽地域は，人口減少が進み，地域活力の維持が課題となっている。木曽地域振興局では，その課題の解決につなげようと，この地域で起業しようとする方を支援し，起業しやすい地域を目指そうと令和元年度から起業塾を始めた。

起業塾を開催する中で感じたことは，一人ひとりがそれぞれの事情で「何かをやりたい」「一歩を踏み出したい」という思いを抱えていて，そういった方々が講義を受ける中で，だんだんと「もやもや」が「具体的な姿」になってきて，起業するしないに関わらず，人生が変わったという方が多いこと。

フォローアップ講座は，起業塾を修了した後も受講年度に関わらず仲間と会う機会を提供している。目的を達成した方，壁にぶつかっている方，一歩を踏み出した方等様々だが，どの方も，仲間と集まり講義を一緒に受けることで，「新しい何かを得たい」「仲間と話したい」という方が多く，継続したモチベーションの維持に役立っていると感じる。

起業塾の参加者からは起業する方も出てきている。一人ひとりの取組みは小さく，内容も十人十色だが，色々な色や形をした小さな芽が，木曽の各地で芽吹き始めているのを感じる。木曽に芽吹き始めた芽を，今後も大切にしていきたい。（以下，略）」。

3　木曽地域での起業事例

(1)　合同会社Rext滝越（王滝村）

ここでは，王滝村にIターン移住したKu氏が起こした合同会社Rext滝越の事例を紹介する。王滝村は，地理的に中山道（現JR中央西線，国道19号）から離れ，現在，鉄道でのアクセスはない。戦前には木曽ひのき伐採・搬出，戦

後は参拝やスキー観光でにぎわった。2014年の御嶽山噴火災害による観光産業への影響は小さくない。2022年10月時点で村民685名，村立王滝中学校は休校，王滝小学校も在校生11名である。移住者のKu氏はここでどのように起業し，どのように事業を地域になじませているのだろうか。

　県外出身で県外企業に勤務していたKu氏が，東日本大震災を契機に人生を再考し，再生エネルギーに関心を持ち，木質バイオマス，森林資源の豊かさ，山深い等の条件から，縁のない王滝村にたどり着いた。Ku氏は協力隊に公募採用され，移住し2014年8月着任した。木質エネルギー利用の検討と並行して，村営（当時）キャンプ場の運営補助も業務に加わった。隊員の任期満了（卒隊）後を模索する中で，キャンプ場とレストランの運営者の役割が浮上した。Ku氏はこれを引き受ける決断をし，卒隊後の2018年2月，合同会社Rext滝越を設立し代表社員に就任した（2022年8月時点社員・従業員4名）。両所の運営を村から業務委託され，Ku氏人脈から新たに県外者2名が移住し，2018年4月営業開始した。

　Ku氏は飲食・宿泊事業未経験ながら，キャンプ場にはファンもおり順調にスタートした。ところが，7月の豪雨災害によってキャンプ場の滝越集落への一本道（併用林道）が崩落し，集落民全員避難となった。全予約キャンセルと営業休止は，道が復旧し集落民と戻る2019年3月まで8ヵ月間続いた。この間，Ku氏らは村などの支援を受け，再開に向け村中心部で生活と活動を続けた。

　実は災害発生当日，Ku氏らは，観光案内所の依頼で海外からの外国人滞在者を受け入れていた。被災後，スマートフォン翻訳機能も使い，滞在者にできるだけのことをと，村民に声をかけ，宿泊場所，食事など多くの協力を得，その結果，無事に滞在期間を対応した。この時の滞在者への対応と運営の理念が評価され，後日，海外のツアーエージェントG社（本社タイ，2005年創業，世界約40ヵ国でツアー展開）からの，国際的なボランティアツアー（以下，ツアー）の日本国内での初受け入れ契約へとつながった。これは，以降，同社事業の大きな特徴となっている。

　休止中も積極的に地域内外の人々と関わり，自然とともに無理せず生きて働

くというKu氏らの価値観や理念を共有する人々との縁を作っていった。避難生活の時期を「苦しい時期だったが，やり続けることでぱたぱたと道が拓かれていくのを感じた」とKu氏は振り返る[7]。

　営業再開後は，村外からの移住1名の参画も得て，ツアー本格受け入れを開始した。ツアーは，異国で多様なボランティア体験を希望する海外の10代から社会人の幅広い年齢層が1～3週間程度滞在するもので，滞在中は，村内で様々な体験をKu氏らがコーディネートする。そのため，Ku氏は意識的に村民の困りごとをこまめに聞くようになったと言う。村民には，居ながらにして海外の様々な人々と出会い，さらに人手不足の日常的な作業も手伝ってもらえるという実利も生じている。

常八は空き家をリノベ。再生エネルギー実践のため薪は欠かせない。

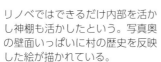

リノベではできるだけ内部を活かし神棚も活かしたという。写真奥の壁面いっぱいに村の歴史を反映した絵が描かれている。

　2020年2月，コロナ禍で再び営業休止となるが，村中心部の飲み処閉店と宿泊場所不足感から，村中心部の空き家を購入し，村内外者とクラウドファンディングを成功させ，多くの人々を巻き込みリノベーション（以下，リノベ）

7）　本章のために改めて集中的に2022年8月31日にKu氏らからのヒアリングを行っている。「」書き以下同様。筆者は2017年振興局研修会以降，Ku氏の事業経緯を見てきている。

し，10月に新たな飲み処&簡易宿泊所（常八）としてオープンさせた。Ku氏はかねてからアーティストらと積極的に繋がっており，アーティスト長期滞在創作活動すなわちアーティスト・イン・レジデンスが実現した。受賞歴を持つ若手アーティストKoT氏が2021年に滞在し，Ku氏はKoT氏に，村の歴史を反映した絵を店内壁面に描くことを依頼した。制作過程でKoT氏は村民に聞き取りを行い，村民とは新しい関係性が生じているという。その後，KoT氏はIターン移住し2022年から村の協力隊員としてアートを用いた活動を展開している。

　2021年夏には，同社が本学の学生インターンシップ受入れ事業者となり，学生2名は村民と共に様々な体験を得た。最終日，交流プランの学生案を学生が村に提案する機会をKu氏らが企画し，村からは前向きな反応を得た。これを受けて，本学ソーシャル・イノベーション創出センター（CSI）と村で調整を進め，同村と本学は2022年5月，包括連携協定を締結するに至っている。協定に基づき，2022年度は希望する9名の学生が複数回，村の支援も得て常八を拠点に滞在し，地域課題への各自の問題意識をもとに活動を展開しており，CSIと連携しKu氏らが学生の現地活動を支援している。こうした支援に関してKu氏らは他大学にも働きかけるなど「常に波及効果を意識している」という。

　また，2021年10月村議改選（定数6）に際し，Ku氏は複数の村民から推され，親戚投票と言われる同村で，血縁のないKu氏が30数年ぶりの若手議員として就任し，事業経営と並行し議員活動も行っている。

　村民には，こうしたKu氏らの動きはどのように見えているのだろうか。Ku氏を移住以来見てきた方々に話を伺った[8]。

　「いろいろやってくれてありがたいと他の村民も思っていると思う。何より移住して住んでいることが重要。（Ku氏のつながりで）実際7人の人口が増えている。これは大きいこと。移住もツアーも，自分だけではなくて他の人たちを連れてきてくれるというところは大きい。協力隊初期の受け入れで苦労は多

8）　2022年9月1日ヒアリング，公民館長T氏，村内事業者O氏。

かったと思う。」「家を持つということは，住み続けるという意思表示と（村の人には）受け止められる。家を持ったことは大きい。」「海外からの宿泊客が村の人の困りごとを手伝ってくれるという仕組みはありがたいし面白い。」「人口も減っていくしどうにかしないといけないと感じている村の人は多い。でも具体的にどうしたらいいかよくわからないというのが正直なところではないか。村の若い人もうまく巻き込んでいろいろやってくれたらと思っている。」「御嶽山噴火の際には，もう村はだめなんじゃないかと暗い気分になった。ツアーのお客さんや学生さんなど村の外から人が来てくれると気持ちが明るくなる。」「今年のお盆祭りの運営もやってくれた。今まで担ってきた人が高齢化しているので若い人に引き継ぎたいと思っているところ。継いでもらえる気がしてきている。ありがたい。」

　Ku氏が村に移住してから8年が経つ現在，人口減少著しい同村では，住んでいるだけでも存在感がある。同時に，Ku氏らが積極的に村の人々と関わりを作り続けることで，村民の気持ちにも影響を与えていることがみられる。

(2)　合同会社AGEMATSU LIVING Laboratory（上松町）

　ここでは，上松町にIターン移住したKo氏が起こした事業と経緯を紹介する。Ko氏は，複数の肩書をもつ。木工個人作家，合同会社AGEMATSU LIVING Laboratory代表，上松町地域コーディネーターである。上松町は，中山道沿いにあり，江戸時代から木曽ひのき産地として栄え，現在も伊勢神宮式年遷宮の際の御神木伐採地として有名である。

　Ko氏は，県内他市出身で，県外企業で設計エンジニアとして勤務していた。ものづくりが好きで入社したにも関わらず仕事が楽しめない日々に困難を感じていた折，偶然，手作り木製品を友人に贈呈したところ大変喜ばれ，手作り品を届けて誰かが喜んでくれるものづくりに気が付いたという。以降，次々と求めに応じて同様の木製品を製作し贈呈し続けた。手応えを感じ7年間勤務した企業を退職し，2017年4月木工加工技術を専門的に学ぶために長野県上松技術専門校[9]（以下，技専）に入学した。

1年間学んだ技専卒業生は例年ほぼ全員が町外に就職するが，Ko氏は町に残った。木工・家具産業が町内になく卒業生が町に残れないという課題を，町が抱えている中での選択である。その理由を次のようにKo氏は言う[10]。「1年間共に学んだ仲良しの仲間達との時間が本当に楽しかった。彼らがいつか自分自身の挑戦を考えた時それができる環境を上松町につくることができていたら，また仲間達と集まってやりたいことができるという未来も実現すると思った。」Ko氏は町の協力隊公募に応じ2018年4月着任した。初日から，町に技専卒業生が定着する将来像を示し，その実現を自らのミッションとして活動したいとアピールした。

　1年目には，工房整備を行った。使われなくなった町内の古い木工工房の提供を町から受け，片づけ，リノベ，木工加工機器購入，設置など，多くの人々の手を借り巻き込みながら進めた。機器は高価なものも多く，県施策「地域発元気づくり支援金」活用を県派遣町職員と共に挑戦し，採択支援金で購入した。「支援金は本当にありがたかった。そして職員さんには，いつも "壁打ち"（事業案に対して客観的に助言すること）をしてもらいありがたかった」という。

　2年目の2019年には，仕組みづくりと繋がりづくりのために，家具ギャラリー＆コミュニティスペース整備を行った。商工会の協力を得つつ空き物件探しから行い最終的に3階建て空き店舗を町から提供を受け，再びリノベを多くの人々の手を借り巻き込みながら行った。リノベでは，技専時代の県外仲間達の参加や，SNS経由での県内外学生参加など，人の環が広がったという。2020年春にKINOTOCOとして仮オープン，コロナ禍を経て2022年6月本格オープンし，町内外の多様な人々の交流場所として機能し始めた。

9）　同校は，「職業能力開発促進法及び長野県技術専門校条例」に基づき，長野県が設置・運営している施設。全国から学生が集まり（2022年度入学者のうち61.9%が県外者），寮など町内等で暮らしながら1年間学ぶ。2科，各学年定員40名で10代から60代まで多世代が学ぶ。https://www.pref.nagano.lg.jp/agemagisen/shokai/gaiyo/index.html（最終閲覧日：2022年11月20日）。
10）　本章のために改めて集中的に2022年8月18日，9月2日Ko氏にヒアリングを行っている。「」書き以下同様。筆者は2018年振興局研修会以降，Ko氏の活動経緯を見てきている。

工房には多くの木工加工機器があり，技専卒の協力隊の活動拠点。

KINOTOCO壁面に未来図とKINOTOCO完成図を張り出し，叶えたい未来を視覚的にも関係者で共有している。（2点とも2021年3月撮影）

　2020年は，町のふるさと納税返礼品づくりの提案と製作，本学や信州大学の学生起業者への木製看板製作など，町を木工の拠点にする未来に向けた取組みを行った。Ko氏は2021年3月卒隊後，引き続き町に残ることを選択し町内の空き家も購入した。以降，若手の木工起業を支援する新工房づくりを目指し，町からも地域コーディネーターとして業務委託されている。さらに2022年，前述のSB支援金制度にも採択され，まちづくり事業を担う合同会社AGEMATSU LIVING Laboratoryを設立した。

　空き家活用と，域外の学生等の気軽な宿泊場所という2つの目的から，新たにインターン合宿所シェアハウスのリノベを若者や学生と共に行っている。木工作家としての作品製作と販売，近隣企業と協働しオリジナル商品「木曽ひのきアロマ」の開発，EC販売など，3つの肩書を使い分けながら精力的に活動している。Ko氏にとって王滝村のKu氏は「いい意味の嫉妬心を感じるよい相手」でありモチベーションに繋がっているという。

　2022年，技専卒業生のTu氏が町にIターン移住するに至った。Tu氏は4年間の県外就職先での研鑽を経て，町での独立を期しての移住という。さらに，

別の同期卒業生KuH氏も町にIターン移住し2022年から協力隊員として活動している。Ko氏が描いた未来はすでに実現されつつある。

(3) SOMA，en-shouten，ふらっと木曽（木曽町）

最後に，木曽地域の中心部に位置する木曽町の起業者，移住者を紹介する。

Iターン移住者で2019年度の起業塾卒塾生C氏は，子育てしつつ，木曽町中心部の空き店舗に「ギャラリーカフェSOMA」を2022年5月にオープンさせた。C氏は，別のUターン者と2019年に町内で起業した，支障木伐採・薪販売等を手掛ける株式会社K社役員でもあり，起業塾を契機に夢を実現させた。木材の有効活用への想いを核に，人脈を活かしサステナビリティを意識した商品販売とサービス提供を行っている。自ら出資，経営，執行を担い，C氏自身も店舗に立つことから，持続可能経営のために，あえて営業日時を制限している。店内は支障木を活かした木曽木材品を多用し，また1，2階にギャラリーを設け地域のアーティストの作品展示やイベントなどを行っている。

別の移住者In氏，Io氏が2019年に起業した「en-shouten」が，SOMA同様中心部にある。In氏は木曽町の協力隊卒隊者で，旧調剤薬局の空き店舗を地元工務店とともにリノベし，日用品や食品販売を行っている。コンセプトに「使い続けるほど愛着がわく日用品」「安心して体に入れられる食品」を掲げており，こうした価値観に基づく多様な商品を扱い「お客さんは遠方からも買いに来てくれる」[11] という。en-shoutenも金〜月曜日のみ営業で，店舗休業日には，In氏，Io氏がそれぞれ，木工，金工作家として活動している。前述のC氏は，「先輩格のen-shoutenさんからよい刺激を受けている」という[12]。

最後は，木曽町が2018年開所させた「ふらっと木曽」とその運営を担っているNi氏，S氏である。ふらっと木曽は，町がテレワーキング・コワーキング施設として空き店舗をリノベした施設である。1階にはオープンなコワーキングスペースと飲食店営業許可を有するシェアキッチンがあり，2階はサテライト

---

11) 2022年9月2日In氏から。店舗にて聞き取り。
12) 2022年5月27日C氏から。店舗にて聞き取り。

オフィスである。運営は当初から同町協力隊が担い，それがNi氏，S氏である。両氏は着任前から詳細企画と運営，収支を含む事業計画の提案を町から求められた経緯もあり「当時の町の担当者のおかげもあり，開所来，好きなようにやらせて頂いた。」という[13]。町外からも運営ノウハウ支援を受け3年間運営を続け，両氏とも卒隊後も同町に残り，他の移住者や近隣町村のメンバーを加えて，2022年現在も運営を担っている。

　両氏とも，卒隊後は複数収入源を持ち，以前より動きやすくなったという。ふらっと木曽は，起業志向の移住者・協力隊員や起業塾卒塾生らのハブ機能も果たしている。木曽地域で出会う多くの移住者，起業者の話に頻繁に出てくることからもこのことが伺える。その理由を両氏に尋ねた。「2人で運営を担っていた3年間は特に忙しく，外部の方々の多様なプロジェクトや企画に関心はあってもタスクを負って関わることができないことも多かった。その代わりに，こういう人がいるよ，一緒にできるかもね，と繋ぐことはよくしていた。最近，運営の人手が増え人脈も広がったので，ますます繋ぎやすくなっている。人々を繋ぐことは役割だろうと，特に最近は明確に意識している。」両氏の人柄に加え，意識的なコーディネートが，多様な人々からの気軽な相談や声掛けに繋がっているようである。さらに，日常生活レベルで地域の情報が集まるのは両氏らも行く近所の老舗和菓子屋だという。移住者や起業者だけの閉じたネットワークではなく，地域の人々と生活レベルでも繋がっている様がうかがえる。

 # おわりに
──静かなイノベーション

これらの事例から，次のような特徴を挙げることができる。
　a　自身の価値観や未来像を持ちそれが事業内容に投影されている。

---

b　自らの収益に留まらず地域や他者への貢献視点を持ち実践している。

　　c　様々な人々を巻き込み関係を構築しそれを活かして事業を行っている。

　　d　若い世代が自身の生き甲斐と働き甲斐を求めて起業や転身している。

　　e　個人の生活収入として複数収入源を志向する。

　以下，順に考察する。

　a：どの事例も，起業者本人が自身の価値観を明確に持っており，意志を
もってその価値観を起業や転身を通じて実現させようと努力していることが顕
著である。仕事だから，あるいは，売り上げのためだからと自身の価値観を封
印したり歪めたりすることを好まず，自身の価値観を尊重しさらに言えば自身
の「心」を大切にし，それを真っすぐに事業内容に反映させようと取り組んで
いる。また，未来像に関して，例えばKo氏の例では，事業を通じて実現した
い未来像それ自体が人々を惹きつける源泉ともなっている。また，市場に対す
る姿勢は，大衆におもねらず，自分たちの価値観に共感する人々を顧客や取引
先としてむしろ積極的に選択している。

　b：自社や自身の儲けにのみ拘泥せず，地域や他者に対して自らの事業や活
動を通じて貢献することを意識し行動している。Su氏，Ku氏，Ko氏をはじめ
このような姿勢は，「三方よし」（売り手よし，買い手よし，世間よし）として
知られる姿勢や発想と類似するが，こうした発想を知識として学び推進してい
るというよりは，直感的かつ自然体で楽しむように実践している点に注目した
い。また，地域課題解決を目指すのだという力みや気負いを感じさせない点に
も注目したい。

　c：経済的理由で他者と繋がるのではなく（例えば，他より安価に仕入れら
れるので取引する，という理由ではなく），価値観の共有や共感が発端として
あり，その結果として繋がった人々と協業している。Ku氏事例の海外ツアー
エージェントとの契約は好例である。また，人的ネットワークを下敷きに新た
な移住者や起業が生じている。特に木曽地域においては，相互に支え刺激しあ
い役割を補い合う関係が見て取れ，人々のつながりが生態系のように連なるエ

コシステムが形成されている。

　d：かつての身の丈起業で注目されたようなシニア世代が余裕資金で起業するスタイルとは異なっている。本章の事例は20～30代が中心で，この世代は十分な預貯金を元手に起業や転身しているとは限らない。むしろ，子育てもあれば今後経済的負担が増す世代である。それでも，起業や転身する理由は，Ku氏，Ko氏で見たように，生きがいと働きがいを両立させることにある。ここには本章で示した様々な支援制度の恩恵もあろう。

　e：本業での収入が少なくやむなく複数にしているというよりは，むしろ収入源を複数化することを楽しむように積極的である。複数収入源を持つことで，事業や個人の活動範囲の広がりやシナジーが生じることを期している。Ko氏，In氏，Io氏，Ni氏，S氏，C氏らのふるまい方には，1ヵ所に長時間勤務し生活を成立させてきた旧来スタイルでは実現できない，生き方働き方へのしなやかさが感じられる。

　以上，事例から5つの特徴を抽出した。これらの特徴における信州らしさを考えると，多くの県外からの移住者や入り込む人々の存在を指摘できる。長野県は地域おこし協力隊員も3年以上連続全国第2位[14]と多いが，移住相談窓口等における相談受付件数も17,443件（2021年度）と全国47都道府県で最も多く，しかも，2014年の調査開始以来7年間連続で全国最多である[15]。隊員として移住するのみならず，様々なスタイルで県外から移住したり，「おためし移住」として移住準備をしたり，あるいは二地域居住等をしたり[16]と，県外者が多く出入りしているのが長野県である。3大都市圏からのアクセスの良さと自然や教育，食文化などお金に換えられない多様な価値の提供[17]ができる信州（長野県）の地域性が，これらの特徴には反映されている。もちろんこうし

---

14)　総務省「令和3年度地域おこし協力隊の隊員数等について」https://www.soumu.go.jp/main_content/000799461.pdf（最終閲覧日：2022年11月20日）。

15)　総務省「令和3年度における移住相談に関する調査結果（移住相談窓口等における相談受付件数等）」https://www.soumu.go.jp/menu_news/s-news/01gyosei08_02000244.html（最終閲覧日：2022年11月20日）。

16)　「全国二地域居住等促進協議会」（2021年3月設立，2022年11月1日時点正会員665団体）会長を長野県阿部知事が務め，県としても促進している。

た動きは全国各地で生じていることではあろうが，とりわけ，長野県では移住等機会が数多く，県内の様々な地域で生じているからこそ，と言えるだろう。

　ところで，a，b，c，dのような特徴は，2002年の日本最初期の社会起業家事例研究報告[18]において，社会起業家の特性として，生き方と働き方を一致させる傾向があり「個人に対して新しい生き方や働き方を提案している」と報告された特徴と酷似している。しかし興味深いことに，本章事例において誰も自身を社会起業家と自認していない。彼らは，過度に収益・収入に振り回されず，自身の価値観に基づく選択に素直に従い，「ありのまま」の自分で居続けようと努力しているだけのように見える。その，ありのままの自分の姿や努力が，結果として地域社会への好ましい影響となって現れている。当時の事例研究対象者でもあった筆者には，これはこの20年間に起業の姿が変化してきた故と映る。近年，ウェルビーイングの観点から，自己を犠牲にせずに社会を変革することが望ましいという指摘がされるが，まさに，その実践を見ているようである。

　2000年代「身の丈起業」が示された頃は，団塊世代の大量定年を迎え，起業が経済的余裕あるシニア世代の定年前後の有力な選択肢という背景があった。しかし，現在では，人生100年時代で教育→労働→余生という人生3ステージモデルが崩壊しつつあり，並行して，社会起（企）業家やソーシャル・ビジネスという概念が浸透してきた。本章で見てきたように，身の丈起業は，若い世代が，自らが望む生き方と働き方を両立させるために，自らに素直にありのままに実現する手段として，新たな姿で立ち現れていると言えるだろう。

　そして，木曽地域で見たようなエコシステムが形成されることによって，身の丈起業を育む環境も生まれている。このエコシステム形成自体も，他力で与えられたものではなく，様々な制約の中でも起業者や移住者自身が自ら地域の

---

17)　長野県「信州暮らし推進の基本方針」2022年5月改定https://www.pref.nagano.lg.jp/iju/kensei/soshiki/soshiki/kencho/iju/documents/kihonhoushin20220525.pdf（最終閲覧日：2022年11月20日）。

18)　東京財団（2002）『地域社会のリインベンション　社会起業家事例研究プロジェクト』77頁。

中で地域の人々と関わりつつ同時に地域外の人々とも関わりながら，ゆっくり時間をかけて創り出している。それはさながら，多様な菌類が複雑に作用し合い発酵が促され醸されるかのようなふるまいである[19]。本章で取り上げた事例は県内起業のごく一部でしかない。木曽地域内でさえ，残念ながら取り上げられなかった事例が数多くある。これらを見ていけば，醸しだされるような起業の姿がさらに浮かび上がる可能性がある。

　身の丈起業には急成長するユニコーン型起業のような派手さはない。しかし，個人が自らの意思で生き方と働き方を選び取り実践していく様の蓄積は，他の人々の意識にも働きかける静かな社会的変革，すなわちソーシャル・イノベーションの確かな礎になっているのではないだろうか。

　未来への希望がここにある。

---

19)　大室が，日本酒醸造に着想を得て，イノベーションに「発幸場」という考え方を早くから提示している。大室悦賀（2016）『サステイナブル・カンパニー入門』学芸出版社。

■参考文献──────

安宅和人（2020）『シン・ニホン』ニューズピックス。

上松町史編纂委員会（2006）『上松町誌 第3巻（歴史編）』長野県木曽郡上松町。

一般社団法人 移住・交流推進機構ホームページ『令和3年度 地域おこし協力隊に関する調査 調査研究報告書』http://www.iju-join.jp/f-join/R3kyoryokutai_questionary_report.pdf（最終閲覧日：2022年11月20日）。

稲盛和夫（2014）『京セラフィロソフィ』サンマーク出版。

王滝村史編纂委員会（2017）『村史 王滝 自然編』長野県木曽郡王滝村。

王滝村史編纂委員会（2020）『村史 王滝 歴史編I』長野県木曽郡王滝村。

王滝村史編纂委員会（2022）『村史 王滝 歴史編II』長野県木曽郡王滝村。

大室悦賀（2016）『サステイナブル・カンパニー入門』学芸出版社。

小倉ヒラク（2019）『日本発酵紀行』D&DEPARTMENT PROJECT。

鈴木大拙（1972）『日本的霊性』岩波書店。

SSIR Japan（2021）『Stanford SOCIAL INNOVATION Review Japan これからの「社会の変え方」を，探しにいこう。』英治出版。

SSIR Japan（2022）『Stanford SOCIAL INNOVATION Review Japan ソーシャルイノベーションの始め方』英治出版。

総務省ホームページ『令和3年度地域おこし協力隊の隊員数等について』https://www.soumu.go.jp/main_content/000799461.pdf（最終閲覧日：2022年11月20日）。

総務省ホームページ『令和3年度における移住相談に関する調査結果（移住相談窓口等における相談受付件数等）』https://www.soumu.go.jp/menu_news/s-news/01gyosei08_02000244.html（最終閲覧日：2022年11月20日）。

東京財団（2002）『地域社会のリインベンション 社会起業家事例研究プロジェクト』。

長野県ホームページ『上松技術専門校の概要』https://www.pref.nagano.lg.jp/agemagisen/shokai/gaiyo/index.html（最終閲覧日：2022年11月20日）。

長野県ホームページ『信州暮らし推進の基本方針』https://www.pref.nagano.lg.jp/iju/kensei/soshiki/soshiki/kencho/iju/documents/kihonhoushin20220525.pdf（最終閲覧日：2022年11月20日）。

長野県ホームページ『ソーシャル・ビジネス創業支援金について』https://www.pref.nagano.lg.jp/keieishien/sangyo/shokogyo/sogyo/sogyouhojokin.html（最終閲覧日：2022年11月20日）。

長野県ホームページ『地域おこし協力隊の広場』https://www.pref.nagano.lg.jp/shinko/sainetsu/chiikiokoshikyouryokutainohiroba.html（最終閲覧日：2022年11月20日）。

長野県ホームページ『毎月人口異動調査年齢別人口』https://tokei.pref.nagano.lg.jp/statist_list/1882.html（最終閲覧日：2022年11月20日）。

長野県ホームページ『令和4年度しあわせ信州創造プラン2.0政策評価報告書』https://www.pref.nagano.lg.jp/seisaku-hyoka/hyouka/documents/r04_all.pdf（最終閲覧日：2022年11月20日）。

一橋総合研究所（2005）『「身の丈起業」のすすめ』講談社。

リンダ グラットン・アンドリュー スコット・池村千秋訳（2016）『LIFE SHIFT』東洋経済新報社。

Column IX

暮らしの知恵　発酵の豊かさ

　木曽地域には「すんき」がある。ご存じだろうか。

　木曽地域に古くから伝わる伝統の保存食である。特定農林水産物等の名称の保護に関する法律（地理的表示法）に基づく地理的表示（GIマーク）にも2017年に登録されている。

　すんきは，信州の伝統野菜である赤蕪の葉を用い，塩を使わず植物性の複数の乳酸菌で作る無塩野菜漬物である。記録は300年以上遡ることができ，現在もよく作られている。塩を含まない乳酸発酵の味わいが，蕎麦に実によく合う。

　冬期にはあちこちの蕎麦屋ですんき蕎麦が登場する。すんきは，土地が痩せている，標高が高く寒冷である，場所によっては年間5ヵ月間雪に閉ざされる，冬季に食する野菜が少ない，海から遠く塩が貴重である，という様々な制約の中で暮らし続けることを両立させるために，したたかに人々が生み出したものである。

（出所）筆者撮影

昔，「塩の道」で日本海側糸魚川から運ばれた塩が松本・塩尻までで止まり木曽地域には容易に届かなかったから，という話も聞いたことがある。

　しかし今では，塩分摂取を気にする方々へのうれしい食材となっている。今も，各家庭や各製造所でのそれぞれの味わいの違いが楽しまれている。前年の乳酸菌を受け継いで作り続けるからこそ，それぞれで味わいが異なる。信州の発酵文化は味噌，醤油，日本酒，ワインだけではないのだ。あぁ，なんと豊かなことだろう。

第10章

サステイナブル・アントレプレナーシップと地域イノベーション
——長野県上田市に本社をおくバリューブックスの事例から

長野県上田市に，古本を売買している「古本屋」の概念を変えるような企業が存在する。バリューブックスは，本を通じた社会の幸せな循環を生み出しながら成長を続けている「古本屋」である。彼らが生み出し続ける新たな取組みと，それを生み出している組織文化や，働き方から見えてくる地域イノベーションのあり方について紹介する。

Key Words

サステイナブル・アントレプレナーシップ，　地域イノベーション，社会的企業，　目に見えない資源

1 はじめに

経済危機やパンデミックの拡大，多発する災害とその背景にある気候変動，国家間の権力闘争など，世界は多くの危機に直面している。そんな中で「ビジネス」の在り方や役割も大きく見つめ直され，利益の最大化を目的とするのではなく，「ステークホルダー資本主義」や「コンシャス・キャピタリズム」の

ような考え方，B Corporation™（以下，B Corp認証）などの新しい取組みが生み出されてきている。

　1980年代頃から，グローバルにそのコンセプトが認知され拡がってきた「社会的企業（Social Enterprise）」は，社会的な課題を解決することをミッションに立ち上がった企業として定義できるが，上記のように営利企業における考え方などが変化し，拡がってきた中で，その境界線は非常に曖昧なものになってきていると言える。

　本章で事例として取り上げる株式会社バリューブックスは，「（自分たちを）社会的企業だとは思っていない。合理性を求めた結果として，今の事業形態と経営方針が生まれている[1]」と自社を表現する。社会的課題の解決ではなく，本の循環を通じた社会の幸せな循環を生み出すことを目指すバリューブックスの在り方を，サステイナブル・アントレプレナーシップ（Sustainable Entrepreneurship）という視点から分析し，これからの企業の在り方や地域との関係性について検討していく。

バリューブックスの紹介と沿革

(1) 創業の経緯

　株式会社バリューブックスは，2005年に創業者である中村大樹氏（現取締役）が生計を立てるために始めた「せどり」がきっかけとなってスタートしている。長野から東京の大学に進学し，22歳で卒業したが就職したくない気持ちが大きかった中村氏は，卒業後に何か生活費を稼ぐためにはどうしたら良いか考えていたと言う[2]。そこで，古書店などで安く売っている本を買い，オンラインのマーケットプレイスで本を出品して売ること（せどり）を始めた。最初

1）　2022年8月，バリューブックス取締役鳥居希氏インタビューからの発言引用。

のきっかけは，大学時代の教科書などを試しに出品したら売れたことだという。徐々にノウハウを得て，ビジネス書や専門書など高く売れる本に重点を置いたこのビジネスは，中村氏の友人も加わり，月に500〜600万円ほどの売上をあげるようになっていく[3]。これが，2007年に法人設立した株式会社バリューブックスの創業ストーリーである。

　食べていくために手探りで始めたせどりから，売上を伸ばした同社は，当初は東京の中村氏の暮らすアパートの部屋に古本の在庫をおき，そこから注文があれば発送するということを友人たちとしていたと言う[4]。

図表10-1　株式会社バリューブックス倉庫

（出所）バリューブックス提供，撮影：篠原幸宏

２）　ジモコロ「せどりから古本屋で年商16億円⁉ Amazonでよく見る「バリューブックス」の正体」
　　https://www.e-aidem.com/ch/jimocoro/entry/nakano04（最終閲覧日：2022年8月25日）。

３）　荻野進介（2022）「日本企業が切り拓く価値共創型リサイクルビジネス」『Stanford Social
　　Innovation Review Japan vol.2　社会を元気にする循環』2022年7月，81-93頁。

４）　この古本ビジネスの原点を創業者チームが自ら手足を動かして行っていたことは，後に現在のように大規模な倉庫を持つようになった時の在庫管理の仕組み構築に，大いに生かされるようになっていることを，筆者が倉庫を訪問し，在庫管理の仕組みを聞いて実感したのである。

(2) 新規事業を生み出し続けた創業からの15年

　2022年，株式会社バリューブックスは創業15周年を迎えた。この15年の間に
従業員は300名ほどに成長し，毎日約２万冊の本が全国から届き，倉庫を５つ
抱え，本を販売するカフェも併設する実店舗を３つの建物に跨って運営してい
る。この15年の間に，同社は多くの事業を立ち上げてきている[5]。回収したも
ものの販売ができなかった本を保育園や学校，福祉施設などに贈る「ブックギフ
トプロジェクト」は2009年から，買取の仕組みによって集められた本の買取相
当の金額をNPOや大学，自治体などに寄付する「チャリボン」は2010年から
始まっている。「チャリボン」は，創業者である中村氏が同じく長野県上田市
を拠点として活動する認定NPO法人侍学園スクオーラ・今人の理事長である
長岡秀貴氏を通じて，NPO・NGO団体の人たちと出会う機会が増えたことが
一つの大きなきっかけになっている[6]。またその根底には，辞めていったスタッ
フの「お客様の顔が見えず，やりがいを感じられない」「成長を実感できない」
という言葉の存在もあり，会社が社会に責任を持つことが，いいサービスの提
供や働きがいにつながるんだということに気づいたとしている[7]。

　上記のように，古本と社会をつなぎ，いらなくなった本を寄付という形に変
えて古本を売る顧客とNPO・NGOとの間に新たな関係性をつないだり，売れ
なかった本を寄贈という形で新たに出会える人へ届けたりする取組みに加えて，
本を古紙として資源の循環も同社は行っている。2021年に試験的に始め，2022
年に本格的に展開したのが，「本だったノート」の製作と販売・流通である。
１日に約２万冊が届けられる一方で，約半分は古紙回収に回さなくてはならな
い現状を受けて，「もっと別の形で価値を生むことができないか」という考え

---

5 ）　Value Books HP「End Paper：本屋が描く世界 ―VALUE BOOKS創業15周年（2022年7月5
　　日）https://www.valuebooks.jp/endpaper/11033/（最終閲覧日：2022年8月25日）。
6 ）　Value Books HP「ABOUT US：バリューブックスのこと」https://corporate.valuebooks.jp/
　　about/（最終閲覧日：2022年8月25日）。
7 ）　日本経済新聞「本は天下の回りもの　買い取り送料有料化で『捨てない』（2022年11月27日）」
　　https://www.nikkei.com/article/DGXZQOCD285QU0Y2A920C2000000/

から製作が始まっている[8]。

（3）　B Corpハンドブックの日本語版出版と経緯

　2022年には，本の出版事業を開始している。バリューブックス・パブリッシングの第１刊となった『B Corpハンドブック　よいビジネスの計測・実践・改善』の背景には，この出版プロジェクトを推進してきた取締役である鳥居希氏と，創業者である中村氏のビジョンが交差している。鳥居氏が同社に参画する2015年以前から，中村氏はアメリカにあるBetter World Booksをベンチマーク企業として見ていた。このBetter World Booksは，使わなくなった本を人々から集めNPOなどへの寄付を行っており，B Corp認証の初期メンバーでもあった。また中村氏は，別業種であるがPatagoniaもベンチマーク企業として見ているが，PatagoniaもB Corp認証を取得している代表的な企業である[9]。

　同社入社前に，鳥居氏が行くことを決めていた2015年の世界最大規模のインパクト投資関連の国際会議であるSOCAP[10]で，鳥居氏は中村氏がベンチマークしていた上記２社とつながり，翌年同社の仲間と共にアメリカを視察に訪れ，B Corp認証を目指すことになる。これがきっかけとなり，2020年に同社は『*The B Corp Handbook, Second Edition：How You Can Use Business as a Force for Good*』の版権を取得し，日本語版の出版に向けてゼミという形式をとり，オープンな議論を通じて翻訳版を完成させていった[11]。これが，2022年に始まる同社の出版事業へとつながっている。

8）　Value Books HP「End Paper：「本だったノート」ができるまで」（2021年３月８日）https://www.valuebooks.jp/endpaper/11033/（最終閲覧日：2022年８月25日）。

9）　Value Books HP「End Paper：負けず嫌いとインパクト『B Corpハンドブック』日本語版まえがき」（2022年８月１日）https://www.valuebooks.jp/endpaper/11147/（最終閲覧日：2022年８月25日）。

10）　SOCAPは，毎年サンフランシスコで開催される参加型カンファレンスで，世界中から2,000人を超える，インパクト投資にかかわる起業家，投資家，財団，企業，政府関係者，NPOが集まる。SOCAPとは，Social Capital Marketの略からきており，インパクト投資分野では世界最大規模のカンファレンスとして世界的に知られている。https://socapglobal.com/about-us/

11）　筆者も，この『B Corp Handbook』の翻訳ゼミに参加した一人である。日本特有の背景や文脈などを多様なバックグラウンドや専門性を持つ参加者の中で，オープンに議論を重ねた結果を監訳者の３名の多大な尽力により出版に至ったのをよく知っている。

⑷　バリューブックスが目指す社会

　ここに記載した以外にも様々な事業を行う同社であるが，その根底には「本を取り巻く社会の循環をもっと自然に，無駄の少ないものにしたい[12]」という想いや理念が見える。そしてこうした彼らの現在地から見えている光景をイラストにしているのが，**図表10－2**である。本を生み出し，届ける人。本を読む人。読み終えた本を，受け取る人。イラストの中央には，古本の買取や販売をしているバリューブックスのサービスと倉庫が据えられている。イラストの中で，この中央の彼らを取り巻く循環のつながりは，実は点線で描かれており，またところどころに雲がかかっている。ここには，彼らが思い描く目指す社会

図表10 - 2　　株式会社バリューブックス15周年

（出所）バリューブックス提供

---

12)　Value Books HP「End Paper：本屋が描く世界―VALUE BOOKS創業15周年」（2022年7月5日）https://www.valuebooks.jp/endpaper/11147/（最終閲覧日：2022年8月25日）。

に向けて，まだまだ自分たちは至っていないのだという気持ちも込められていると言う[13]。

 ## 3 資本主義の再構築と「サステイナブル・アントレプレナーシップ」

　ハーバード大学教授であるレベッカ（Rebecca Henderson）は『Reimagining Capitalism in a World on Fire（邦訳：資本主義の再構築）』の中で，気候変動や貧困格差といった地球上における大きな課題解決のためには，資本主義の再構築が必要であると訴え，事例などを紹介しながら，どのようにしたら私たちが資本主義の再構築をしていけるのかについて説いている[14]。この中で，レベッカは資本主義の再構築は，ステークホルダーを意識して対話することが重要である一方で，「共有価値を創造すること，人を尊重すること，環境負荷を低減することについての経済的合理性」にあるのだと明言している[15]。この考え方は，バリューブックスが自分たちを社会的企業とは思っていないが，経済的・社会的合理性を突き詰めた結果として，組織変革や従業員の働き方改革，業務設計，新規事業開発の実施を行っていることともつながる。

　こうした起（企）業家の在り方は，近年学術文献の中で注目されるようになってきている「サステイナブル・アントレプレナーシップ[16]」とも通じる。サステイナブル・アントレプレナーシップは，社会的・経済的・環境的な利益をもたらすプロダクトやサービスを実現するための個人の機会の認識，開発，

---

13)　Value Books HP「End Paper：本屋が描く世界―VALUE BOOKS創業15周年」（2022年7月5日）https://www.valuebooks.jp/endpaper/11147/（最終閲覧日：2022年8月25日）。

14)　Rebecca Henderson.2020. Reimagining Capitalism in a World on Fire, Perseus Books（高遠裕子訳『資本主義の再構築―公正で持続可能な世界をどう実現するか』日経BP, 2020年）。

15)　同上，63頁。

16)　Sustainable Entrepreneurshipは，持続可能な起業家精神と訳すことも可能ではあるが，日本語にすると言葉としての受け取り方やイメージが異なる場合があることから，あえてカタカナ表記で記載をすることとする。

活用と定義できる[17]。社会的・経済的・環境的な利益については，トリプルボトムラインと呼ばれ，曖昧さや矛盾，トレードオフなどに直面しながらも，それぞれの利益の間でバランスを保ちながら事業運営が求められる。サステイナブル・アントレプレナーシップと，社会起業家精神（Social Entrepreneurship）が類似するようで異なるのは，社会起業家精神は社会課題やニーズを起点として社会変革を目指している起業家である点であるのに対して，サステイナブル・アントレプレナーシップは，必ずしも社会課題やニーズを起点としてはいないという点であろう。この点で行くと，自らを社会的企業とは思っていないバリューブックスは，社会起業家ではないがサステイナブル・アントレプレナーであると捉えることができるのではないだろうか。

　このような視点から，以下ではサステイナブル・アントレプレナーシップが企業の事業パフォーマンスにどのような影響を与えているかについて，フレームワークを提示した後に，バリューブックスの事例分析を試みる。

4 事業パフォーマンスに寄与する サステイナブル・アントレプレナーシップ

(1) 分析フレームワーク

　ペドロ（Pedro Soto-Acosta）らは，ルーマニアの中小企業の定量調査を行い，サステイナブル・アントレプレナーシップの視点が，企業の事業パフォーマンス向上にとって重要な要因となることを解き明かした[18]。ペドロらは，**図表10－3**のようなモデルを用いて，サステイナブル・アントレプレナーシップの要素である「人（People）」「利益（Profit）」「地球（Planet）」が，それぞれどの

17) Frank Martin Belz1 and Julia Katharina Binder（2017）"Sustainable Entrepreneurship: A Convergent Process Model", Business Strategy and the Environment, 26, 1-17
18) Pedro Soto-Acosta,; Cismaru,D.; Vătămănescu, E.; Ciochina, R.,（2016）"Sustainable entrepreneurship in SMEs: A business performance perspective", *Sustainability 2016*, 8(4), 342; https://doi.org/10.3390/su8040342

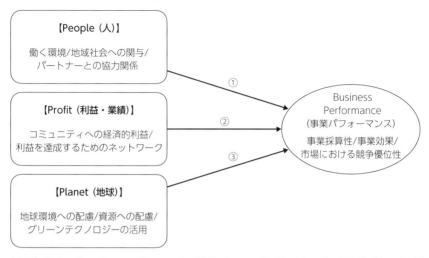

図表10－3 サステイナブル・アントレプレナーシップの要素の事業パフォーマンスへの影響

（出所）Pedro Soto-Acosta.; Cismaru,D.; Vătămănescu, E.; Ciochina, R., (2016) "Sustainable entrepreneurship in SMEs: A business performance perspective", *Sustainability 2016*, 8(4), 342; https://doi.org/10.3390/su8040342を参考に筆者訳・作成。

ように事業パフォーマンスに正の影響を与えているかを分析し，「人」「利益」の次元においてサステイナブル・アントレプレナーシップのアプローチが，より事業パフォーマンスに影響をもたらしていることを確認している（**図表10－3**のうち，①と②）。

(2)　サステイナブル・アントレプレナーシップの視点からのバリューブックスの分析

　上記で紹介したペドロが使用しているサステイナブル・アントレプレナーシップに関わる要素に基づいて，バリューブックスのこれまでや現状について**図表10－4**に整理した。

図表10-4 フレームワークを用いた事例分析

分析視点	指標	バリューブックスの状況
People/人	People-workforce/ 働く環境	✓フレキシブルな勤務体制（急遽な欠勤にも対応できる体制）。 ✓組織として透明性を担保しており，社内の情報はほとんど社内でオープンになっている（例：取締役の経費の使用状況等も，見ようと思えばスタッフ全員が閲覧可能）。 ✓働く人の性格なども含めた働き方の実現。
	People-community/ 地域社会への関与	✓地域における雇用創出。 ✓本を地域の保育園・学校・病院などに届ける「ブックギフト」などを通じた地域との関わり。 ✓全国に本屋を届ける「ブックバス」というサービス（2022年8月より東京下北沢のBONUS TRACK近くに常駐となっている）。
	People-partners/ パートナーとの協力関係	✓市場におけるパートナーとの関係性として，本を売り/買いしてくれる「顧客」との循環的な関係性。 ✓「顧客」以外にも，本を出版する人から，本を中心として様々な関係者との継続的な協力関係を構築している。 ✓地域の人が訪れ喜んでくれる場としての実店舗NABO。街のいいところを編集して冊子を作成。 ✓売上の一部をパートナー出版社に還元する「バリューブックス・エコシステム」。
Profit/利益	Profit-benefits/ コミュニティへの経済的利益	✓同社の売上拡大は，結果として「本」を取り巻く市場の拡大/循環に貢献している。 ✓同社の売上拡大（古本買い取り認知などの拡大）のうち，顧客の希望によって本の買取金額をNPOに寄付する「チャリボン」という仕組み。 ✓また上記「バリューブックス・エコシステム[19]」は，コミュニティへの経済的利益とも言える。
	Profit-networks/ 利益達成のためのネットワーク	✓経済的な目標達成のために，同社は業務改善だけでなく，組織改革などを続けている。 ✓また，「本」を資源としてより効率的に循環できる仕組みを，古紙リサイクル業者などと連携して進めている。 ✓なお，「チャリボン」という仕組みをNPOなど社会貢献組織への寄付だけでなく，連携した新たな寄付者・顧客獲得の仕組みでもあるという意味では，良いネットワークといえる。

	Planet-environment/ 地球環境への配慮	✓「本」の循環＝本を資源として考えた時の資源の最大利用であることから，同社のコア事業そのものが地球環境に配慮した事業である。
Planet/地球	Planet-resources/ 資源への配慮	✓上記の通り，同社のコア事業である古本屋のビジネスは「本」を取り巻く循環という意味で，資源に大きく配慮した事業である。 ✓加えて，「循環における矛盾や無駄を取り除く[20]」という視点から，買取価格を引き上げ，送料を有料としたのに加えて，本を送る前に簡易的な査定ができる仕組みもある。 ※この視点は，本の買取に関わるエネルギー（排出量など）への考慮でもある。
	Planet-technologies/ グリーンテクノロジーの活動	✓特段「グリーン」テクノロジーというわけではないが，前述の本を送る前に顧客がオンラインで査定ができる仕組みなど，同社はITを活用したサービス開発も積極的である。
Business Performance/ 事業パフォーマンス	Business-profitability/ 事業採算性	✓事業としては黒字であり，成長を続けている。（2022年6月期売上高は，過去最高）
	Business-effectiveness/ 事業効果・合理性	✓様々な事業やサービスは，「本を中心とした循環」のもとに設計されており，それによって効果的な顧客獲得や競争優位性を持っている。 ✓また，組織の在り方なども基本的には経済合理性に則って設計されており，その結果としての効果も出ている。
	Business-competitiveness/ 市場における競争優位性	✓同社はオンラインでの古本買取販売としては，業界トップクラスである。

　図表10-4で見てきた通り，バリューブックスは社会的課題からスタートしたビジネスではないが，創業から15年間で積み重ねてきている事業内容や，組織の在り方，地域含めたステークホルダーとの関係性，そしてその結果として生み出されている事業パフォーマンスという観点から見ると，社会的・経済的・環境的という3視点を考慮したサステイナブル・アントレプレナーシップが発揮された企業であると言える。ここには，創業者である中村氏の描く企業

---

19)　Value Books HP https://www.valuebooks.jp/endpaper/1301/（最終閲覧日：2022年11月17日）。
20)　株式会社リクルートBlogゲストトーク「送料は有料。買い取れない本は寄贈。バリューブックスが考える古本の新しい価値（2020年3月19日）」https://www.recruit.co.jp/blog/guesttalk/20200319_427.html（最終閲覧日：2022年11月17日）。

哲学が存在しており，「社会的企業」としての意識はせずとも，経済的・社会的合理性の中で，人・地球・利益に真摯に取り組んできた結果が表れていると言える。

5 地域イノベーションとサステイナブル・アントレプレナーシップ

　バリューブックスは，長野県に存在しているから実現しているビジネスモデルではない。安価な倉庫費用という点と，短期間の研修でも作業可能な業務設計という点においては，地方地域であればどこであっても実現可能なビジネスモデルである。しかし，創業者が故郷である長野県に本社をおき，結果としては高校時代からの仲間や恩師とのつながりから，着実に地域社会の中でも良いつながりを生み出し，そのつながりの連鎖を日本全国に拡げていっている。

　我々は，「イノベーション」という言葉にテクノロジー的な要素を見出しやすい。シュンペーター（J.A., Schumpeter）は，イノベーションの遂行が経済発展の原動力であると提唱し，今まで組み合わせたことのない組み合わせ（新結合）が不可欠であるとしている。つまり，必ずしもイノベーションはテクノロジーを前提とした概念ではなく，既存のサービスやプロダクトを，新たな価値観や視点の変化，新たな組織の在り方などで再構築や再定義をすることも，イノベーションとして理解することができる。

　長野県あるいは地方地域に求められるのは，Ｊカーブを描くような急成長を目指すスタートアップだけでなく，既にある資源に目を向けながら，それに対する起業家としての価値観や社会を見つめる新たな視点を持ち，事業や地域社会との関係性を再構築や再定義していくことなのではないだろうか。ここでは，サステイナブル・アントレプレナーシップとしての在り方が重要となってくるように思う。つまり，社会性・経済性・環境性というトリプルボトムラインを意識しながら，事業を再構築することの重要性である。

バリューブックスの創業者や経営陣，そして会社としての在り方は，地域社会において既に存在している資源を，サステイナブル・アントレプレナーシップを持って，経済性・社会性・環境性の側面から再定義し再構築し続けながら，組織改革や働く環境の改革，業務改善や新規事業開発を行ってきた結果なのではないだろうか。

6 おわりに

実を言うと，当初は社会的企業として創業していない企業がどのように社会的企業に変貌を遂げていったのかについて事例を紹介しようと考えていた。しかし，インタビューを重ねる中でお聞きした「社会的企業という認識はしていない」という言葉が印象的で，大幅に方向性を変えることにした。結果としてそこから見えてきたのは，地域企業がこれから事業を持続的に経営し，地域社会に関わっていくために必要な視点でもある「サステイナブル・アントレプレナーシップ」だった。

　地域には，目には見えなくとも歴史の中で積み重ねられてきた伝統や文化が存在し，地域企業の中にはそうした目に見えない資源を大切にしながら事業を続けていたり，地域の中の人間関係を大切にすることで，地域に求められる価値を提供し続け，地域の人々に長年愛され続けたりする企業が多く存在している[21]。こうした企業は，グローバル化が進み画一的な効率化が求められる中で

---

[21]　日経BPコンサルティング・周年事業ラボによる「世界の企業の創業年数が100年以上，200年以上の企業数の国別調査」。2022年実施の調査によると，日本は100年以上，200年以上の企業数がどちらも世界1位となっている。創業100年以上企業のうち日本の企業は50%，創業200年以上の企業は65%という結果が出ている。https://consult.nikkeibp.co.jp/shunenjigyo-labo/survey_data/I1-06/（最終閲覧日：2022年11月19日）。
　　この背景には，日本の固定化された社会システムという課題も存在するかもしれないことも推測できるが，一方で地域/社会ニーズに応えながら事業内容をピボットしたり，地域の人々に愛着を持たれたりしながら，長年事業を持続している企業が存在しているということも言えるだろう。

も，地域性を護ってきた企業なのだろうと想像する。資本主義の再構築が求められている現在，私たちにはグローバル化やテクノロジーが浸透してきた一方での，多様な価値観の需要や対応や，地域固有に遺され紡ぎ続けられてきている価値の再発見が求められているのではないだろうか。

その意味で，一見資源が不足していると思われがちな地方地域には，顕在化していないかもしれないが，目に見えない資源も含めて素晴らしい資源が多く存在しているのだろうと思う。こうした資源に対して，視点を変えて新たな組合せを創造してみるということが，地域イノベーションにとって鍵となるのではないだろうか。

最後に，本章を執筆するにあたって複数回のインタビューに応え，オフィスと倉庫訪問も快く受け入れてくださったバリューブックスの鳥居取締役への感謝と共に，バリューブックス経営陣の皆様始め，バリューブックスで働く皆様やバリューブックスに関わる皆様すべてに敬意を表したい。

■参考文献————————

Frank Martin Belz1 and Julia Katharina Binder.（2017）"Sustainable Entrepreneurship: A Convergent Process Model", *Business Strategy and the Environment*, 26, 1-17.

Hubert Joly.（2021）"How to Lead in the Stakeholder Era", *HBR.org*, May 13, 2021, Harvard Business School Publishing Corporation.（倉田幸信訳『ステークホルダー中心のリーダーシップが資本主義を再構築する』ハーバード・ビジネス・レビュー, 2021年10月号, 28-37頁）

Joseph A. Schumpeter.（1976）*Capitalism, Socialism and Democracy*, George Allen & Unwin（Publishers）Ltd.（大野一訳『資本主義, 社会主義, 民主主義Ⅰ・Ⅱ』日経BPクラシックス, 2016年）

Kathleen Kelly Janus.（2018）*Social Startup Success -How the Best Nonprofits Launch, Scale Up, and Make a Difference-*, Da Capo Lifelong Books.（高崎拓哉訳『ソーシャル・スタートアップ―組織を成長させ, インパクトを最大化する5つの戦略』英治出版, 2020年。）

Rebecca Henderson.（2020）*Reimaging Capitalism in a World of Fire*, Perseus Books.（高遠裕子訳『資本主義の再構築―公正で持続可能な世界をどう実現するか』日経BP, 2020年。）

Ryan Honeyman.（2019）The B Corp Handbook, Second Edition: *How to Use Business as a Force for Good*. Berrett-Koehler Publishers.（鳥居希, 矢代真也, 若林恵 監訳『B Corp ハンドブック よいビジネスの計測・実践・改善』バリューブックス・パブリッシング, 2022年。）

Soto-Acosta,P.; Cismaru,D.; Vătămănescu, E.; Ciochina, R.,（2016）"Sustainable entrepreneurship in SMEs: A business performance perspective", Sustainability 2016, 8 (4), 342 ; https://doi.org/10.3390/su8040342

新井和宏（2019）『持続可能な資本主義』ディスカヴァー・トゥエンティワン。

大室悦賀（2016）『サステイナブル・カンパニー入門』学芸出版社。

荻野進介（2022）「日本企業が切り拓く価値共創型リサイクルビジネス」『Stanford Social Innovation Review Japan vol.2 社会を元気にする循環』2022年7月, 81-93頁。

紺野登（2013）『利益や売上ばかり考える人は, なぜ失敗してしまうのか』ダイヤモンド社

尹 大栄 他（2013）『静岡に学ぶ地域イノベーション』中央経済社。

Column X

『B Corpハンドブック』の翻訳版に関わる中で

　本章で事例としてご紹介したバリューブックスが2022年6月に出版事業第1弾として発行したのが，『B Corpハンドブック　よいビジネスの計測・実践・改善』である。本書は，バリューブックスの鳥居取締役がリードをとり，希望者を募ってゼミ形式で翻訳が行われた。ゼミはコンテンツレーベル黒鳥社とバリューブックスの共同プロジェクトとして，「あたらしい会社の学校『B Corpハンドブック翻訳ゼミ』」と名付けられ，全国から希望者が26人集まり，オンライン形式で全6回のゼミが2021年に実施さ
れた（https://atarashi-kaisha.medium.
com/6279930ef5e8）。

　このゼミ形式というコミュニティ
ベースでの翻訳実施は，日本の文化や
社会背景などに想いや議論を巡らせな
がら，日本語化していく素晴らしいプ
ロセスだったと思う。米国でつくられ
た指標をその国の言語化していくこと
は，自国の現状を理解しながら言語化
していくことでもあり，米国との違い
を認識する時間でもあった。B Lab™
の創業者であるギルバート（J. C.
Gilbert）は「国の地域性にあわせて微
調整が必要だ」と語っているが，まさ
にその重要性を実感した翻訳ゼミでの
時間だった。

（出所）撮影：平松市聖，提供：バリュー
　　　　ブックス

第11章

フィールド・チャレンジ
——若者が日本社会の毛細血管 のチャレンジを導く

　本章では，若者が農山漁村という日本社会のいわば毛細血管で新たな挑戦を始める意味や，留意点，世界的な重要性について述べる。本章ではフィールド・チャレンジを「人間性の養成を目的とし，現場（フィールド）にて挑戦する事象」，フィールド・チャレンジャーを「フィールド・チャレンジをする人」と定義し，事例を交えて整理する。

Key Words

若者，　学生起業，　社会人起業，　フィールド・チャレンジ，
フィールド・チャレンジャー

1 はじめに

　Z世代[1]をはじめとする若者たちが，過疎化が進む農山漁村に新たな機会を見出している。例えば，長野県立大学の学生は，世界的に見ても重要な人材で

---

1 ）Z世代の定義を調べると，「1990年代終盤から2000年代初頭に生まれた人々」（https://dictionary. cambridge.org/dictionary/english/generation-z）とある。だが，もっと年代の幅が広い定義も他では見られる。

ある。二十歳前後の彼女ら彼らは，コンビニもスーパーもアパレルショップも
ない山間部に喜んで入っていく。そして，新たな挑戦をし，世界が驚き，感動
する，画期的な事態が発生している。

　例えるに「日本社会の心臓部は東京であり，日本の大動脈は東海道新幹線や
東名高速道路である」といえよう。一方，「日本社会の毛細血管は，山間部や
離島をはじめとする農山漁村である」といえる。各地の毛細血管では，過疎化，
文化の伝承，生活インフラの維持等が深刻な課題となっている。毛細血管は，
いわば日本社会のお荷物と見られがちである。

　大都会への人口集中と農山漁村の過疎化は世界でも共通して見られ，普遍的
な社会課題といえる。

　ところが，毛細血管とは先端である。各地の農山漁村は，いずれも社会の先
端であり，若者に新たな挑戦の機会を提供する解放区となっていることが，わ
かってきた。しかも毛細血管は，同じものは一つとしてなく，どれも形が違う
面白さがある。

　本章では以下の問いについて考えてみたい。まず前提となる留意点として
「学生起業と社会人起業の違いは何か？」「学生起業家に必要なことは何か？」
を整理し，そして「フィールド・チャレンジとは何か？」「なぜZ世代をはじ
めとする若者は，農山漁村に入り，新たな事業を生み出すのか？」という意味，
ひいては「フィールド・チャレンジはなぜ重要なのか？」について考える。

　なお，本章は筆者の個人的見解であり，本章執筆時（2022年秋）に筆者が所
属した長野県立大学ソーシャル・イノベーション創出センター（CSI：Center
for Social Innovation Initiatives）という組織の見解を表すものではない。

学生起業と社会人起業の違いとは何か

　学生起業と社会人起業は外見が同じに見えるため，混同されやすい。しかし

整理すると，両者の相違点が明らかになる（**図表11－1**）。

図表11－1　学生起業と社会人起業の違い

	学生起業	社会人起業
目的	・学生起業家本人の人間性の養成	・経済的価値に加えて，社会的価値，環境的価値の追求
音楽バンドで例えると	・学生バンド	・社会人バンド
自動車の運転免許で例えると	・仮免許	・本免許
利点	・若い感性が磨かれやすい ・社会に革新的な恵みをもたらす可能性がある ・最終決定権を本人が担える	・専門性ゆえの信頼を獲得しやすい ・大きなリスクを取れる ・雇用や文化の創出に大きく貢献 ・若者の挑戦を応援できる
課題	・学業等との両立で多忙 ・状況や自己を過信するリスク ・悪意ある大人に消費される	・人間関係や資金トラブルのリスクが甚大になることがある ・社会的評価がシビア

　学生起業と社会人起業では，まず目的が異なると整理できる。前者は学生起業家本人の人間性の養成にある。後者は「持続的な開発目標（SDGs：Sustainable Development Goals）」の観点に立つと，経済的価値に加えて社会的価値と環境的価値という三つの価値（トリプル・ボトムライン[2]）の追求にある。

　学生起業を学生バンド，社会人起業を社会人バンドに例えてみる。学生バンドがライブハウスでライブをする場合，人々が期待するのは音楽性であって，客席が閑散としても社会的に問題視はされない。一方，プロの社会人バンドがライブハウスを借りてライブをする場合，集客や売上は切実な死活問題である。音楽性というお金で買えない社会的価値が重視され，野外ライブ会場ではゴミ分別等を通じた環境への配慮も注視される。

---

2)　トリプル・ボトムライン（Triple Bottom Line）の直訳は「三つの重要なこと」であるが，経済的価値のみならず，社会の価値，環境的価値を，営利法人も非営利法人も追求すべきという概念である。

では，学生バンドは，取るに足らない存在なのだろうか？　実はサザンオールスターズは，学生バンドを出発点としている。Mr. Childrenも学生バンドから始まった。世界では，Queenも学生バンドが原点である。起業家で見ると，グーグル（Alphabet）創業者のラリー・ペイジ（Larry Page）とセルゲイ・ブリン（Sergey Brin），そして，フェイスブック（Meta）創業者のマーク・ザッカーバーグ（Mark Zuckerberg）も，学生起業を原点とし，世界規模で飛躍的な成長を続けている。

　日本でも，例えばNHK「プロフェッショナル」で2022年3月に特集された川口加奈さんは，大阪にて14歳からホームレス支援に関わり，学生起業を経て，日本を代表するNPOの一つとされる認定NPO法人Homedoor[3]にて創業以来の理事長として活躍している。学生起業家として2002年に動き始めた村田早耶香さん，本木恵介さん，青木健太さんは，「カンボジアの買春問題を解決したい」と東京で認定NPO法人かものはしプロジェクト[4]を共同で創業し，同団体も日本を代表するNPOの一つとなっている。

　営利法人格のベンチャーでも，中学2年生で学生起業した仁禮彩香さん（株式会社TimeLeap[5]創業者）や，宮崎大学発ベンチャーとしてサクラマスの養殖に関する技術開発や生産，販売を展開する上野賢さん（株式会社Smolt[6]創業者）等，優れた学生起業家が相次いでいる。

　よって，学生起業家は私たちの社会に革新的な恵みをもたらす可能性を持つ。クロマグロの幼魚は関西ではヨコワと呼ばれるが，今ヨコワである学生起業家たちは，時に出世の階段を駆け上がり，未来の日本社会のマグロたちになる。若き起業家が大人の想定を超える速さと規模で，社会システムを塗り替えてくる可能性をもつことを，ザッカーバーグらは示す。読者がまだ大学1年生か2年生で二十歳前であっても，大人を前に「自分は子どもだ」と自らを貶める発言をする必要は全くない。臆せずに，ハングリーに，自分の独創性を研ぎ澄ま

3）　認定NPO法人ホームドアhttps://www.homedoor.org/
4）　認定NPO法人かものはしプロジェクトhttps://www.kamonohashi-project.net/
5）　株式会社TimeLeap https://www.timeleap.today/
6）　株式会社Smolt https://www.smolt.co.jp/

せよう。

　「自分は規格外だ」と思う若者は起業に向くことがある。「就職活動をせず，自由に楽しく生きたい」「結婚や出産や育児を考えると，自分の人生の歩き方は自分で決めたい」「周囲の人々は気に留めていないのに，自分は社会課題を敏感に感じ，もはや自分は狂ってしまったのではないか」と従来の社会のレールに違和感を感じる「規格外」の人は反骨精神があり，個が強く，起業家の資質に富むことがある。実際に，若きスティーブ・ジョブズ（Steve Jobs，アップル創業者）やビル・ゲイツ（Bill Gates，マイクロソフト創業者）がガレージ（駐車場）でベンチャーを始めた時，彼らは大学を中退し「規格外」であった。

　一方，「家業を継ぎたい」「事業承継[7]の担い手になりたい」と学生起業の経験を通じて起業家の資質を養うのは優れた判断であり，後継者を探している各地の経済界にとって，彼女ら彼らは待望の金の卵である。

　「学生起業は卒業まで。学生時代に力を入れた（ガクチカ[8]）活動として就職活動のアピール材料にしたい」とも聞くが，学生起業の目的が人間性の養成であるので，何も不思議はない。だが，学生起業家には最終決定権がある。周囲がお膳立てや，失敗の後処理をしてくれることはない。進むのも，引くのも，全て学生が最終決定できる。当然だが，学生アルバイトに最終決定権はあり得ない。学生時代という限られた時間において，学生起業をするのか，アルバイトをするのか，どちらが人間性を養える可能性が大きいかは，明らかであろう。そして，決めつけをせず，謙虚さを日々大切にしたい。最終決定権という権限が大きくなるほど，リスクも大きくなるため，謙虚さがなければ，仲間を増やせず，難局を乗り越えられないからである。

　確かに，学生起業は自動車の運転免許で例えれば「仮免許」の状態であって，知識不足や未熟なことが多い。だが，支援者や支援組織に問われているのは「目の前にいる学生起業家はどうアシストしたら，サザンオールスターズや

---

7 ）　事業承継とは「会社の経営権を後継者に引き継ぐこと」（中小企業庁）である。
8 ）　ガクチカ https://www.hrpro.co.jp/glossary_detail.php?id=183

Queenになれるのか？」「地域住民に何年も愛される小商い[9]を若き彼女ら彼らが行えるようにするには，どうしたら良いか？」である。

図表11－1の学生起業の課題で「悪意ある大人に消費される」は特に気をつけたい。若者への支配欲からのモラル・ハラスメント（モラハラ）やパワハラ，セクハラは断じてあってはならない。一人前の大人であるならば，若者への支配欲を完全に手放して，徹底して利他の心で，若者支援にあたりたい。

3 学生起業家に必要なことは何か

以下では，学生起業家に必要なことを，凝縮して紹介する[10]。

(1) コミュニケーションを大切にしよう

人生とは，いわば人の顔のつながりである。聞く耳を持つことで信頼関係を築けて，人間は成長できる。多方面の人々と日々の誠実なコミュニケーションを心がけよう。万一，音信不通になると，信頼関係の致命傷になることがある。信頼を得るには一生かかるが，失うのは一瞬とされる。

経営とは仲間増やしゲームである。信州の特色の一つに，地域と事業者の距離が近いことが挙げられ，厳しい経済環境でも地域の人々が支え続けてくれる

9）　小商いは，スモール・ビジネス（Small Business），またはマイクロ・アントレプレナーシップ（Micro Entrepreneurship）と英訳される。バングラデシュでの小商いへの金融支援が評価されて，2006年にノーベル平和賞を受賞したムハマド・ユヌス（Muhammad Yunus）博士のマイクロ・ファイナンスの仕組みが世界に広がったが，小商いの重要性を世界は認識している。

10）　本章では割愛したが，川口（2020）が紹介する社会起業論をはじめ，木村（2019）が紹介する社会的包摂，中央大学法学部（2016）が紹介する法的思考，メドウズ（2015）が紹介するシステム思考，山田（2005）が紹介する機会損失，ヤング吉原・木島（2019）が紹介するデザイン思考，ハスケル・ウェストレイク（2020）が紹介する無形資産も，押さえておきたい。学生時代では哲学書や歴史書にも親しみ，人生の肥やしとしたい。哲学や歴史は個人や事業の無形資産の中核になる。学生起業では猛勉強が必要である一方で，恋愛をしたり，文化祭に力を入れたり，長旅に出て，青春を謳歌することも大切である。

ことがある。一方，信州の事業者には，強い顧客愛が見受けられる。顧客愛こそ，経営の中心にある。

(2)　目利き力を養おう

学生起業家に接近してくる大人は多い。だが，パレートの法則（80:20の法則。例：「全商品の品揃えのうち二割の商品が売上の八割を稼ぐ」）が示唆するように，学生起業家と協働を希望する大人のうち，二割の人々は良心的としても，八割の人々は学生起業家を消費したいと見ている可能性に留意し，良心ある大人たちを厳選したい。大人からの提案があっても「自分（たち）を本当に大切に思ってくれているのか？」と冷静になる視点を常に保ち，もし状況や自己を客観視できない場合に備えて，セカンド・オピニオンを話してくれる学生や大人との交流を日々大切にしたい。

悲しい現実だが，巧妙に時間をかけて学生起業家を洗脳する，悪意ある大人も存在する。だが，学生起業家がこの人物を「恩義がある，お師匠さんだ」と過信すると，気づいたら深刻なトラブルに巻き込まれ，もはや弁護士[11]が関わらないと，どうにもならないことがある。しかしそもそも，決めつけず，自分（たち）を常に客観視し，トラブルを予防したい。

だが，これらの課題に留意しつつも，学外で活動することから得られる恵みは，後述するように，一生の財産になる。決して萎縮せず，積極的にキャンパスの外に出て，未知との遭遇を楽しみ，成長の機会をどんどんつかもう。

(3)　企画力を備えよう

事業を生み出す際に，妄想を膨らませることは尊い。その妄想を形にするときに企画力が問われてくる。映画や読書等で，自由に妄想をふくらませ，論理的思考法[12]や財務会計等を学び，美意識を育み，文章力を磨き，企画力を備

---

11)　法律は学生起業家を守る最後の砦である。必要とあれば，法テラスや，自治体の無料法律相談に，積極的に相談に行く姿勢が不可欠である。
12)　齋藤（2010）参照。実務家の間では，同書は経営戦略を思考する上で必読書の一つとされる。「正しく知り，正しく伝える」ことは実はかなり難しいが，同書は一助になろう。

えよう。「遠きをはかる」[13] 長期的視野も大切にしたい。

　企画には研究心も欠かせない。「問いは何か[14]」「仮説は何か[15]」「他の国や地域で，どんな事例があるのか」を，とことん研究する。企画力の精度を高めるため，日商簿記三級（商業高校レベル）の内容や，統計学[16]，英語等の語学にも親しむことを，心からお薦めしたい。企画力は戦略力である。

(4) 所得倍増を目指し，キャッシュフロー経営に意識を研ぎ澄ませよう

　事業経営では，営利であれ非営利であれ，入金（売上や寄付等）し，出金（人件費や仕入れ，経費，税金，投資等）し，残高（現金や預金等）を積み上げることを目指す。「入金は一日でも早く，出金は一日でも遅く」がキャッシュフロー（現金収支）経営の基本[17] である。毎月で現金収支の状況を会計ソフトや表計算ソフトに入力して，資金繰りの精度を上げていく。ここでは，一円の怖さを肝に銘じたい。給与支払いで「今月は資金難なので，一円まけてほしい」と減額したら，法令違反になる。経営に慣れて，資金繰りの意識が研ぎ澄まされると，月次で事業の入金と出金のスケジュールやバランスの感覚が身についてくる。そして，未来のための投資や，少額でも月次で定期積金をして，定期積金では金融機関との良好な信頼関係づくりを目指したい。

　「売上＝単価×数量」であるが，地域で小商いをする場合，大きな工場で大量生産をするような「数の勝負」はできない。数量の制約が前提となるため，

---

13)　福住（1933）にて，二宮尊徳は長期的視野を持ち経営をすると「富有」に，目先の利益を追うと「貧窮」すると説く。塚越（2014）も経営において「遠きをはかる」重要性を強調する。優れた経営者は事業の理想像（To-Be）が明確であり，コミュニケーション，そしてチーム・ビルディングを重視する。

14)　グレガーセン（2020）参照。同書では，問いが全ての原動力となるダイナミズムが生き生きと描かれている。

15)　安宅（2010）参照。

16)　もし数学が苦手な読者も統計学に親しみたい場合，「統計検定」が学びと資格取得の一石二鳥になろう。統計検定の四級は中学レベル，三級は高校レベル，二級は大学基礎課程レベルとされ，順を追って学べる。二級を取得すると就職活動や転職活動でも有利とされる。

17)　木下（2015）はローカル・ベンチャーがもっと稼げるようキャッシュフロー経営を「先回り営業」等の平易な概念で紹介する。

図表11－2　先進諸国の一人当たりGDP

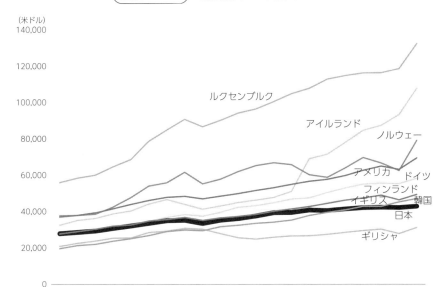

（出所）https://stats.oecd.org/より筆者作成

顧客に優れた体験を提供できる高付加価値路線をとり，単価を正当に設定（単価引上を含む）[18] し，売上増ひいては所得倍増[19] を目指したい。所得倍増は今の日本では夢物語とされがちだが，先進諸国では現在進行中のリアリズムである（図表11－2）。地域の店舗では容易に単価引上ができない場合，別にオンラインでサブスクリプション・モデルを立ち上げて，ファン・コミュニティを地域の内外に広げ，例えば月次でメール・マガジンや画像，動画で現場体験を共有し，月次寄付会員を増やす道がある。実際に，上述の大阪のNPO法人

---

18)　稲盛（2000）は「値決めは経営」として，価格設定が経営に根源的に重要と指摘する。
19)　先進諸国は独創的な教育を奨励し，計画的に複数年で引上げる最低賃金政策を土台として生産性の向上に努め，所得倍増の軌道を進み続けている。ぜひ日本各地の事業でも経営力を高め，所得倍増軌道を目指したい。アトキンソン（2019）参照。なお，長野市は「長期戦略2040」にて所得倍増を掲げる。

Homedoorの「おかえりキッチン」という飲食事業[20]では，飲食売上の変動リスクが大きいため，事業の人件費や家賃等を全国の月次寄付会員が安定的に支えている。同団体は月次メルマガや年次活動報告書の共有，オンライン・イベント等で，ファン・コミュニティとの関係を大切にしている。志ある事業のサブスクリプション・モデルは景気に比較的左右されにくく，「やりたいことに力を入れられる」とされ，オンラインであるためパンデミックに強い。

(5) コンフォート・ゾーンを拡大しよう

コンフォート・ゾーンは「居心地が良い領域」という意味である。そして従来のコンフォート・ゾーンに安住する限り，自分のキャパシティは広がらない。必要な時は，勇気を出して，背伸びに前向きでありたい。実は，辞めたい時や逃げたい時が，最も伸びる時である。

一方，「背伸びのため，深夜労働をしよう」ではない。量よりも質が，感動ある体験を提供できる。極力七時間の睡眠時間を死守し，食事と休養を十分に取り，運動や瞑想[21]で日々の健康に万全を期した上で，取組みの品質を上げ，地域内外，ひいては世界へのインパクトを高めよう。

フィールド・チャレンジとは何か

本章ではフィールド・チャレンジを「人間性の養成を目的とし，現場（フィールド）にて挑戦する事象」，フィールド・チャレンジャーを「フィールド・チャレンジをする人」と定義し，以下にて説明する。

---

20) おかえりキッチンhttp://www.okaerikitchen.homedoor.org/
21) タン（2016），ハンター・稲墻（2020）参照。

210

(1)　インターンとフィールド・チャレンジの違い

「そもそも，インターンとフィールド・チャレンジはどう違うのか？」との疑問があろう。いずれも企業やNPO等にて学生が現場実習を行う。だが，文部科学省の奨励もあり，今や多くの場面でインターンは大学の単位認定に関わると認識される。よって，単位認定を伴わない，探究をしたい現場実習に，インターンという用語を使うと，誤解が生まれてしまう。そこで，単位認定を伴わない，人間性の養成を目的とする現場での挑戦を形容する用語として，本章はフィールド・チャレンジという表現を提案する。

(2)　バッターボックスに立てる機会

地方の受験生が「大都会の大学に行きたい」と思い，挑戦するのは大変尊い。だが，大都会の大学に入学しても，人材の層が厚すぎて，「バッターボックスに立てる機会が自分に回ってこない」という声を折々で聞く。入った学生サークルやインターン先で，何か提案をしたいと思っても，上が多すぎて詰まっており，自分に機会がなかなか回ってこないというジレンマである。

だが，地方では状況が一変する。過疎化が進む農山漁村で「新しい挑戦をしたい」と若者が飛び込むと，多くの場合で歓迎され，解放区となっている。

規模の大小を問わず，現場の命運を握るリーダーシップ経験を学生時代にもつことは，人生に二度とない機会となることがある。代表を担うであれ，フォロワーシップ[22]を発揮して補佐役を担うであれ，もし失敗したとしても，長年の人生の支えになることが多い。

(3)　自然の力にも育てられる

自然の力にもフィールド・チャレンジャーは育てられる。大自然に自分が囲まれ，美意識が培われる。農山漁村のきれいな空気，水，食材で健康になり，

---

[22]　日本が変わるスイッチが入っている映像―裸の男とリーダーシップ　https://youtu.be/OVfSaoT9mEM

草花，昆虫，動物の気持ちを感じる力が養われる。自然から学ぶ機会を日々多く得られる。

5 なぜZ世代をはじめとする若者は，農山漁村に入り，新たな事業を生み出すのか

Z世代をはじめとする若者は，どんな背景や考え方があって，農山漁村に可能性を見出しているのだろうか？

1991年のバブル崩壊以降，日本では閉塞が続くが，今の若者たちが生まれ，育ってきた時代と重なる。ある20代前半の若者は次のように筆者に語る。「『ゆとり世代そしてZ世代は，昭和の若者のように，がんばらない』と言われますが，明確な理由があります。昭和の経営者たちのお話を聞くと，『時代の前提が違う』と私たち若者は感じるのです。昭和では社会全体が上り調子だったのです」。

閉塞の時代でコミュニティの希薄化が加速し，無縁社会が日本各地に浸透した。小さい時から近所付き合い等で濃い人間関係を体験したことがない若者が大多数となった。幼なじみや少ないクラスメイトと，LINEグループで長年付き合い続けることも珍しくない。

そして，例えば公園では「～禁止」の注意書きが増え，「居場所」と若者たちが思える場所が次々に社会から消えていく。無縁社会では孤立感が先立ち，自己肯定感は高まりにくい。スマホの中のYouTubeのコメント欄が，自分の貴重な居場所と思う若者も相次ぐ。

しかし，「社会に居場所がないならば，自分で作ろう」と気づいた若者が近年増えている。そして，居場所を求めた先に，農山漁村が魅力ある，面白い可能性がある場として浮上している。

Z世代はデジタル・ネイティブであり，農山漁村にいても，必要とあればインターネット通販で何でも調達する。むしろ，自分の意欲と工夫次第で，自分

や仲間たちが自分らしく安心して暮らし，学び，働き続けられる居場所を独創的に生み出せて，ひいては社会課題の解決や社会貢献につながるのであれば，大都会よりも農山漁村を自らのフィールドに選ぶという判断は，極めて合理的である。

　ここで気をつけたいのは，倫理に不足する人がもし農山漁村に飛び込んでも，地域の人々は敏感に察し，その人は敬遠されてしまう。地域の人々の目利き力ゆえに，地域社会を純粋に愛せる若者たちだけが活動を持続できる。「聖人君子であれ」では決してないが，倫理とは，謙虚に人の話をよく聞き，地域になじみ，人々が共存共栄でき，持続的な地域社会に移行できるための基盤の考え方である。

6　フィールド・チャレンジはなぜ重要なのか

　フィールド・チャレンジのロジック・モデルを**図表11－3**に整理した。本章ではロジック・モデルについての詳述[23]を控えるが，重要な点を以下に述べる。

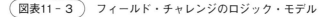

図表11-3　フィールド・チャレンジのロジック・モデル

---

23)　ロジック・モデルの説明や手引きはPwCあらた有限責任監査法人（2017）参照。本章では簡潔な様式（United Way Format）で記載。

(1) 自己肯定感が向上する

長野県立大学のある学生は，「通っている集落に住む方々は，学生の私たちを単なるプロジェクト・パートナーでなく，孫のように思ってくださっているようです。そして，一人暮らしが多い私たち学生は，この集落を第二の故郷のように思っています」と語る。すなわち，「自分（たち）を大切に思ってくれる大人の存在がある」と思えると，愛着（アタッチメント）を体感でき，自己肯定感が向上する効用が見受けられる。

現代日本ではまず売上等の経済的価値が注目されがちだが，その前に，自己肯定感は，新しい挑戦はもとより，日々を生きるための大切な支えである。

尖ったことが地方ゆえにできる面も注目に値する。ある長野市内の店舗の若い店員は「家賃が安いから，尖ったことができます。もし同じことを東京でやるとしたら，高い家賃の重荷があり，売れ筋商品に目を奪われ，尖ったことができなくなります」。尖った取組みができることも，自己肯定感を向上できる要素といえよう。

『休学する東大生』[24] は，休学して地方や世界に飛び込む東大生たちの事例集である。和歌山県の漁村に飛び込んだ岩永淳志さんは「地域の人と一緒に生活した一年間が僕の人生をガラリと変えました」と語る。フィールド・チャレンジで視野が拡大し，自己肯定感が高まったことが推察される。

(2) 先端から社会全体を見られる

逆説的だが，首都東京に長年住んで働いても，日本各地の地方の現実を理解できる機会は大変乏しい。地方と東京の乖離は深刻であり，今の地方の現実が東京で知られ，浸透することはあいにくまずないからである。

しかし，地方に住むと，日本社会の全体を考えられる機会がある。「この山間部にこの課題があるならば，他の山間部でも同様では。この原因は東京との

---

24) 朝日新聞（2022）「休学する東大生」。https://www.asahi.com/edua/tag/

関係にあるのか。では，社会全体として，どうしたらいいか」と「大きく考える」[25] 力を養える。

アフガニスタンで2019年に凶弾に倒れた故中村哲医師は，著書『辺境で診る　辺境から見る』にて，世界を視野に大きく考えて，アフガニスタンの辺境で行動し続けていたことを綴る。政治学者の丸山眞男は『原型・古層・執拗低音』にて，日本は歴史的にアジアの辺境であると指摘する。辺境ゆえに，東洋そして西洋の両方を日本は俯瞰できる。

今や，地球環境の危機等，世界史的に見ても多難な時代に突入しているが，世界の辺境である日本社会から，さらにはその日本における辺境である農山漁村から，世界に向けて新たな社会デザインが提示できる可能性を大切にしたい。

(3)　フィールド・チャレンジは波及する

若者の新しい挑戦は，他の学生そして大人を触発する。手短に三つの事例を紹介したい。

まず，長野県立大学の後町キャンパスには学生寮があるが，同じ建物にソーシャル・イノベーション創出センター（CSI：Center for Social Innovation Initiatives）がある。パンデミック前では，建物一階の講義室にてCSI主催の公開講座が開催され，長野県内外の事業者の方々が相次ぎ登壇していた。授業を終えて寮に帰宅した学生たちが公開講座に参加して面白い大人たちの話を聞き，触発され，学生起業をする人が現れる。「寮生の誰々が起業した」という情報は，瞬く間に学生寮を駆け巡り，次の挑戦者が現れ，また次に，と波及していく。

長野市内でシンカイという，雑貨やお土産物の店舗がある。かつては信州大学の学生が借りて二階に住み，一階をコミュニティスペースにしていた。この若者の挑戦を知り，触発された徳谷柿次郎さん[26] が同所をプロデュースし，全国的に話題になる店舗が生まれた[27]。

---

25)　ウッド（2013）参照。
26)　株式会社Huuuu代表，編集者。2017年5月に東京から長野県に移住。

長野県王滝村へ長野県立大学の学生が2022年夏に入った。参加した学生に筆者が聞いたところ，村民の方々は当初「学生たちは本当に村のことを考えているのか」と戸惑いがあったようだ。しかし，学生が「単に自分たちだけの活動に終わらせず，将来的に王滝村に貢献するようにしたい」とビジョンを話すと，村民の方々は勇気を出して，心を開いて地域課題を語ってくれたという。ささやかながら，学生の挑戦が地域住民の挑戦を誘発した，貴重な一歩と考えられる。

　長野県内で，本章執筆時の筆者が知る限りだが，長野市，飯山市，飯綱町，辰野町にて，いわば「アントレ・タウン」といえる，小商いをする起業家が次から次へと現れるエコシステム[28]が近年生まれ始めている。シリコンバレーが示す通り，エコシステムから起業家が誕生する。フィールド・チャレンジに適する場は，長野県内，さらには日本や世界の各地にまだ眠っている予感がする。

7　おわりに

　2022年6月に長野県立大学ではフィンランドの自治体や大学の幹部六人の来日訪問団を迎えた交流イベントが開催された。来日訪問団の講演では，かのフィンランドといえども，首都ヘルシンキの人口集中と地方の過疎化に悩んでいると明かされた。続いて，五人の長野県立大学の学生たちが，長野県内の山間部や市街地での各自の挑戦について英語で発表を行った。

　フィンランドの自治体知事は「正直に言います。学生の方々の発表に，大変

---

27)　ローカルの新しい価値を伝えるのは"東京的編集力"。全国47都道府県を旅する編集者・徳谷柿次郎さんが，長野で「お店2.0」を始めた理由とは？https://lab.smout.jp/area_japan/nagano/nagano-shi/interview-tokutani-kakijiro-484

28)　「生物の生態系」という本来の意味が転じて，ビジネスの文脈では，多様な利害関係者が支え合い，価値が循環するという「事業の生態系」の意味でエコシステムは使用されている。

感動しました。私の役所に，長野県立大学の学生の方々が欲しいです」と講評した。長野県立大学の学生たちの重要性に，世界からお墨付きがされた歴史的場面となった。本章の着想はこの場面から得ている。

　同日に発表した，ある学生は筆者に「大学の学部は長野県立大学で，大学院はオックスフォードやハーバードはありだと気づきました」と明かした。過疎化が進む農山漁村で新しい挑戦をし，英語力が完璧でなくても，積極的に発言する野生児タイプの日本人学生こそ，世界は求めている。

　「自由に，楽しく生きたい」「第二の故郷が欲しい」「自己肯定感を高めたい」との素朴な思いが起点であっても，ぜひフィールド・チャレンジにて，一人でも多くの若者の才能開花，そして才能爆発が起こることを，日本各地も，世界も，願っている。

　長野県立大学ソーシャル・イノベーション創出センター（CSI）は地域連携，そして学生の活動機会作りを通じてソーシャル・イノベーションを創出することを目的とする。信州という地域性もあって，地に足がついた小商いに共感する学生からの相談が日常の光景となっている。国内の大学ではCSIのような部署は珍しいかもしれないが，CSIは学生からの相談にのり，助言し，時には学生起業家のイベント会場に駆けつける。長野県立大学は2018年に開学したばかりで，歴史が浅い，小さな地方公立大学であり，当然ながら限界は多々ある。だが，学生の挑戦を応援する部署が長野県立大学に設置されていることは，学生の魅力のみならず，大学の魅力，地域の魅力，ひいては日本の魅力の向上に貢献すると考えられる。

■参考文献

安宅和人（2010）『イシューからはじめよ―知的生産の「シンプルな本質」』英治出版。

稲盛和夫（2000）『稲盛和夫の実学―経営と会計』日本経済新聞出版社。

木下斉（2015）『稼ぐまちが地方を変える―誰も言わなかった10の鉄則』NHK出版。

木村泰子（2019）『「ふつうの子」なんて，どこにもいない』家の光協会。

川口加奈（2020）『14歳で"おっちゃん"と出会ってから，15年考えつづけてやっと見つけた「働く意味」』ダイヤモンド社。

齋藤嘉則（2010）『新版　問題解決プロフェッショナル』ダイヤモンド社。

ジェレミー・ハンター，稲墻聡一郎（2020）『ドラッカー・スクールのセルフマネジメント教室』プレジデント社。

ジョナサン・ハスケル，スティアン・ウェストレイク（2020）『無形資産が経済を支配する―資本のない資本主義の正体』東洋経済新報社。

ジョン・ウッド（2013）『マイクロソフトでは出会えなかった天職―僕はこうして社会起業家になった』ダイヤモンド社。

チャディー・メン・タン（2016）『サーチ・インサイド・ユアセルフ―仕事と人生を飛躍させるグーグルのマインドフルネス実践法』英治出版。

中央大学法学部（2016）『高校生からの法学入門』中央大学出版部。

塚越寛（2014）『リストラなしの「年輪経営」―いい会社は「遠きをはかり」ゆっくり成長』光文社。

デービット・アトキンソン（2019）『日本人の勝算―人口減少×高齢化×資本主義』東洋経済新報社。

ドネラ・H・メドウズ（2015）『世界はシステムで動く―いま起きていることの本質をつかむ考え方』英治出版。

中村哲（2003）『辺境で診る辺境から見る』石風社。

ハル・グレガーセン（2020）『問いこそが答えだ！　―正しく問う力が仕事と人生の視界を開く』光文社。

PwCあらた有限責任監査法人（2017）「内閣府委託『社会的インパクト評価の普及促進に係る調査』研修資料『ロジック・モデル作成の手引き』」内閣府。

福住正兄（1933）『二宮翁夜話』岩波書店。

丸山眞男（1984）「原型・古層・執拗低音」『丸山眞男集第12巻』岩波書店107-156頁。

山田真哉（2005）『さおだけ屋はなぜ潰れないのか？　―身近な疑問からはじめる会計学』光文社。

ヤング吉原麻里子・木島里江（2019）『世界を変えるSTEAM人材―シリコンバレー「デザイン思考」の核心』朝日新聞出版。

Column XI

世界が驚き，感動する，問いの立て方とは

「フィンランド交流イベントにおける学生の発表風景」
（長野県立大学ラーニング・ホールにて，2022年6月7日）

　「7　おわりに」で触れたが，本コラムでは，なぜフィンランドが日本の奥地にある長野での学生の取組みに驚き，感動したか。そのために，どのような問いの立て方*の検討をしたかを述べる。

　フィンランドは独創性ある教育で世界的に高く評価されている。思案の末，今回の学生との交流イベントのテーマを，例えば林業等，長野とフィンランドで共通する産業に限定するのは力不足ではと，企画段階で私たちは感じた。独創的に大きく考えて**，「フィンランドは，日本をはじめとする東アジア諸国で進む少子高齢化や，大都市の人口集中と地方の過疎化を懸念しているのでは」との仮説を立てた。そして，交流イベントの問いを，普遍的なものに高め，「大都市の人口集中と地方の過疎化を，どうしたら是正できるのか」と設定し，五人の発表学生は，この問いを原動力として，準備に力を尽くした。いよいよイベント当日に

なり，フィンランド来日訪問団の講演にて，首都ヘルシンキの人口集中と地方の過疎化という同国の社会課題が表明された時，発表学生たちは静かに驚いていた。あたかも，事前に予想した試験問題が的中したかのような瞬間だった。その後，県内各地に飛び込み，新しい挑戦をする学生たちの英語による発表が相次ぎ，来日訪問団の方々は熱中し，場は沸騰した。

　信州の若者たちが，世界の普遍的な問いに一定の答えを示したことで，「信州×グローバル」という新結合（イノベーション）が発生し，世界が驚き，感動するイベントとなった。

＊　グレカーセン（2020）参照。
＊＊　ウッド（2013）参照。

おわりに

　どの国を訪ねても，その国の歴史や文化，自然の豊かさを感じさせてくれるのは，大都市ではなく，決まって地方である。表層的には大都市のほうが経済的に豊かで，スタイリッシュな生活を営んでいるように見えるが，誰もが時間に追われて忙しくしていて，豊かな暮らしを享受できている人はそう多くないのではないだろうか。

　日本も地方に行けば，それぞれの地域の長い歴史から培われたその地域独自の衣・食・住の文化が存在し，自然にも囲まれて人々は豊かな暮らしをしているという印象を受ける。しかし，多くの地域が人口減少や少子高齢化などによる影響で衰退の一途をたどっているのも，まぎれない現実である。政府と各自治体は様々な政策を動員して地方の衰退を食い止め，その再活性化を図ってきてはいるが，いまだ閉塞的な状況は続き，経済的な停滞を含め，課題は山積したままである。

　本書は，その課題を解決するには，地域固有の資源（歴史，文化，伝統，自然，人間など）を掘り起こし，それらの地域資源から新たな価値を見出そうとする人々のイノベーション活動がカギを握っている，と論じている。日本は気候的にワイン造りに向かないというそれまでの常識を打ち破って長野県産ワインを世界的なレベルに引き上げた麻井宇介氏のアントレプレナーシップ（第1章），国内外の環境変化に合わせて産業構造の転換を遂行してきた諏訪・岡谷地域の企業家たちの環境適応行動（第3章），半世紀以上も続く人口増の実現と充実した子育て支援策で日本一住み心地の良い「上質なローカル」作りをリードしてきた南箕輪村の歴代村長たちのリーダーシップ（第4章），行政の官僚的なシステムの諸制約を乗り越えて民間との協働・共創プロジェクトを成功させた塩尻市公務員たちの進取性（第5章），大学で学びながら地域に積極的に入り込み，地域の人々や組織（企業，自治体）との間で築き上げた関係性

から得られる資源を動員して企（起）業活動を展開する長野県立大学の学生起業家たち（第8章），ユニコーン型起業のような派手さはないが自分の生き方（価値観）と働き方の両立を重視したスモール・ビジネス（身の丈起業）を通じて地域社会の変革を進めている木曽地域のソーシャル・イノベータたち（第9章），顕在化していない地域の資源を新たな視点から再定義し再構築を図ったバリューブックス（上田市）創業者のサスティナブル・アントレプレナーシップ（第10章），等々。

　こういった信州のアントレプレナーたちによる地域イノベーションの事例が示唆しているのは，結局，「人」がカギである，という点である。眠っている地域資源から価値を見出し，高い志を持ってその価値を実現していく「人」の活動こそが，地域活性化（地方創生）を実現できるカギなのである。

　このことを，筆者がいまこの小文を書いているトスカーナ州の小さな村，ピエンチャ（Pienza）にて一層強く確信させられている。ピエンチャ（Pienza）村は，中部イタリアの古都，シエーナ（Siena）の南東部に拡がる丘陵地帯「オルチャ渓谷」が眺める場所に位置している。ここオルチャ渓谷は，人々の懸命な努力によって眠っていた地域資源から新しい価値が生み出された典型例である。

　オルチャ渓谷は，世界で最も美しい田園風景の一つとして知られている。なだらかな丘と丘の谷間に緩やかな曲線を描きながら走る道，丘の稜線の上にそびえ立つ糸杉の並木，微風に揺れて踊る小麦や，オリーブの樹々と葡萄畑の拡がる風景。まるで絵のように美しい。広大な丘陵地帯に点在するここピエンチャ（Pienza）やモンタルチーノ（Montalcino）といった中世の宝石箱のような街並みと調和の取れた田園風景は，2004年にユネスコの「世界遺産・文化遺産」に登録された。自然遺産ではなく文化遺産となったのは，人々の努力で造られた遺産だからである。何度訪ねても，目と心が洗われるオルチャ渓谷の美しい風景であるが，じつは，元々塩分が多く粘土質の地層のため雨が降ると表土が剥ぎ取られる，不毛の荒れ地だったのである。それを地域の人々の300年にも渡る土壌改良や景観づくりの努力によって現在のような美しい田園風景へ

と変貌したのである。

　与えられた自然環境を動かせない前提条件とせず，理想とする風景づくりに幾世代にもまたがる長い年月と努力を重ねた地域の人々の主体的な働きかけによって現在の美しいオルチャ渓谷の景観が生み出されたのである。この広大な丘陵地帯の美しい景観が人々の手作業によるものだと教えられたときは，心底感動を覚えたものである。

　オルチャ渓谷の地元の人々は，自然の成り行きに任せるのではなく，「こういう景観の場所にしたい」という明確な意思（志）を持って，自然体ではできないことを成し遂げたのである。これだけの広大な丘陵地を手作業で美しい景観に変えるという，とてつもなく困難な事業を長い期間（300年！）がかかっても必ず成し遂げるという強い意志，あるいはある種の使命感が人々になかったら，到底無理だったに違いない。「志」を貫こうとする強い精神と実行力とは，まさに企（起）業家精神そのものと言えよう。

　高い「志」を持ち，目に見えない，あるいは眠っている地域資源から新たな価値を創造できる「人」，その価値を目に見える形に具体化するためには困難があっても必ず成し遂げようとする強い精神と行動力を発揮できる「人」。こういった人々（人材）をいかに地域が育て，輩出できるか。地域活性化の実現に不可欠な人材の教育に携わる責任感の重さを地元の教育機関の一教員として改めて強く感じる次第である。

オルチャ渓谷の丘の上に佇む美しい村
Pienzaにて

執筆者を代表して
尹　大栄

索　引

【執筆者紹介】

尹　大栄（ゆん・てーよん）…………………………………… はじめに・第1章・おわりに
長野県立大学グローバルマネジメント学部教授。
神戸大学大学院経営学研究科博士後期課程修了。博士（経営学）。専門分野は国際比較経営論，産業クラスター論。
主著：『地域産業の永続性』（2014年，中央経済社），『地域産業における起業者（家）の韓日比較』（共編著：韓国語）（2018年，延世大学出版文化院）『ファミリーアントレプレナーシップ』（共著）（2020，中央経済社）など。

東　俊之（あずま・としゆき）………………………………………………………… 第2章
長野県立大学グローバルマネジメント学部准教授。
京都産業大学大学院マネジメント研究科博士後期課程修了。博士（マネジメント）。専門分野は経営組織論，組織間関係論。
主著：『自分事化の組織論─主体的に考え行動するためのストーリーとロジック』（共著）（2022年，学文社）など。

首藤　聡一朗（しゅとう・そういちろう）…………………………………………… 第3章
長野県立大学グローバルマネジメント学部准教授。
一橋大学大学院商学研究科博士後期課程修了。博士（商学）。専門分野は経営戦略論，中小企業論，経営情報論。
主著：「中小製造業企業の海外直接投資をめぐる論点の整理:メリットと障壁・リスク，海外直接投資を行わない戦略」（『経営実務研究』（12），pp.35-52, 2017年）など。

田村　秀（たむら・しげる）……………………………………………………………… 第4章
長野県立大学グローバルマネジメント学部教授。
東京大学工学部卒，国際基督教大学博士（学術）。専門分野は行政学，公共政策。
主著：『公立大学の過去・現在そして未来』（2021年，玉川大学出版部），『自治体と大学』（2022年，筑摩書房），『自治体庁舎の行政学』（2022年，渓水社）など。

真野　毅（まの・つよし）………………………………………………………………… 第5章
長野県立大学大学院ソーシャル・イノベーション研究科教授。
京都産業大学大学院マネジメント研究科博士後期課程修了。博士（マネジメント）。
一般社団法人Japan Innovation Network理事。アミタホールディングス株式会社顧問。
主著：『エビデンスに基づく自治体政策入門─ロジックモデルの作り方・活かし方』（共著）（2021年，公職研）など。

中村　稔彦（なかむら・としひこ）……………………………………………………… 第6章
長野県立大学グローバルマネジメント学部准教授。
明治大学大学院政治経済学研究科博士後期課程単位取得退学。専門分野は財政学，地方財政論，公共政策。
主著：『攻める自治体「東川町」―地域活性化の実践モデル』（2022年，新評論），『現代の財政―改革の視点』（共著）（2006年，税務経理協会）など。

三浦　正士（みうら・まさし）……………………………………………………………… 第7章
長野県立大学グローバルマネジメント学部講師。
明治大学大学院政治経済学研究科博士後期課程単位取得退学。専門分野は行政学，地方自治論。
主著：『大都市制度の構想と課題』（共著）（2022年，晃洋書房），『自治・分権と地域行政』（共著）（2020年，芦書房）など。

大室　悦賀（おおむろ・のぶよし）……………………………………………………… 第8章
長野県立大学グローバルマネジメント学部教授。
一橋大学大学院商学研究科博士後期課程満期退学。修士（経済学）。専門分野は企業と社会論，ソーシャル・イノベーション論。
主著：『サステイナブル・カンパニー入門：ビジネスと社会的課題をつなぐ企業・地域』（2016年，学芸出版社）など。

渡邉　さやか（わたなべ・さやか）…………………………………………… 第8章・第10章
長野県立大学大学院ソーシャル・イノベーション研究科講師。
慶應義塾大学大学院システムデザイン・マネジメント研究科博士課程単位取得退学。東京大学大学院「人間の安全保障」プログラム修了。専門分野はソーシャル・イノベーション論，ソーシャル・アントレプレナーシップ論，女性起業論，国際協力論。社会起業家であると共に，国内外でのSDGsビジネス開発コンサルタント，社会起業家支援など。
主著：「東南アジアのソーシャル・イノベーション教育に関わる現状」（笹川平和財団委託調査，2017年）など。

川向　思季（かわむかい・しき）………………………………………………………… 第8章
長野県立大学大学院ソーシャル・イノベーション研究科在学中。合同会社キキco-founder。

秋葉　芳江（あきば・よしえ）································ 第9章
長野県立大学大学院ソーシャル・イノベーション研究科教授。ソーシャル・イノベーション
創出センター長。
関西学院大学大学院総合政策研究科修士課程修了。修士（総合政策）。専門分野は起業・創業支援，新規事業創出，持続可能経営。
主著：『ソーシャル・アントレプレナーシップ―想いが社会を変える』（共著）（2007年，NTT出版），『水をめぐるガバナンス』（共著）（2008年，東信堂）など。

田辺　大（たなべ・ゆたか）································ 第11章
社会起業家。第11章の執筆時（2022年秋）では長野県立大学ソーシャル・イノベーション創出センター（CSI）にてチーフ・キュレーターを担った。東京工業大学大学院社会理工学研究科社会工学専攻博士後期課程中退。専門分野はソーシャル・アントレプレナーシップ論，ソーシャル・イノベーション論，起業文化論。
主著：「ソーシャル・アントレプレナーシップ（social entrepreneurship）の日本語訳の研究―対照言語学の視点から」（2022年，ノンプロフィット・レビュー）など。

【編者紹介】

長野県立大学グローバルマネジメント学部

　長野県立大学は，信州地域の「知の礎」となり，未来を切り拓き，地域を創生できる
リーダーの輩出を目指して2018年に設置された新生大学である。グローバルマネジメント
学部では，「グローバルな視野を持ち，アントレプレナーシップ（起業家精神）を身につ
けて，地域の資源や人材を活かして事業を展開できるビジネス・リーダー，社会や地域の
課題解決に自ら挑戦する企（起）業家，公共サービスを立案・実行する地域社会のリー
ダーとなる人材」を養成している。

信州に学ぶ地域イノベーション

2023年6月10日　第1版第1刷発行

編　者	長野県立大学 グローバルマネジメント学部
発行者	山　本　　　継
発行所	㈱中央経済社
発売元	㈱中央経済グループ パブリッシング

〒101-0051　東京都千代田区神田神保町1-35
電話　03（3293）3371（編集代表）
　　　03（3293）3381（営業代表）
https://www.chuokeizai.co.jp

印刷／三英印刷㈱
製本／㈲井上製本所

ⓒ 2023
Printed in Japan

＊頁の「欠落」や「順序違い」などがありましたらお取り替えいた
しますので発売元までご送付ください。（送料小社負担）
ISBN978-4-502-45911-5　C3033

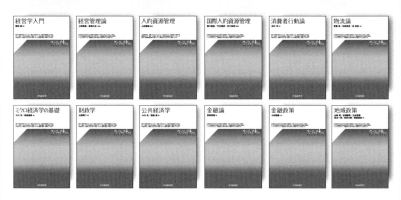

ベーシック＋ Basic Plus

経営学入門	経営管理論	人的資源管理	国際人的資源管理	消費者行動論	物流論
ミクロ経済学の基礎	財政学	公共経済学	金融論	金融政策	地域政策

経営学入門	人的資源管理	経済学入門	金融論	法学入門
経営戦略論	組織行動論	ミクロ経済学	国際金融論	憲法
経営組織論	ファイナンス	マクロ経済学	労働経済学	民法
経営管理論	マーケティング	財政学	計量経済学	会社法
企業統治論	流通論	公共経済学	統計学	他

いま新しい時代を切り開く基礎力と応用力を
兼ね備えた人材が求められています。
このシリーズは，各学問分野の基本的な知識や
標準的な考え方を学ぶことにプラスして，
一人ひとりが主体的に思考し，行動できるような
「学び」をサポートしています。

Let's START!
学びにプラス！
成長にプラス！
ベーシック＋で
はじめよう！

中央経済社